Amar
É PARA SEMPRE

FLORIANO SERRA

Coordenadora editorial: Tânia Lins
Coordenador de comunicação: Marcio Lipari
Capa e projeto gráfico: Jaqueline Kir
Preparação e revisão: Equipe Vida & Consciência

1ª edição — 1ª impressão
5.000 exemplares — junho 2018
Tiragem total: 5.000 exemplares

CIP-BRASIL — CATALOGAÇÃO NA PUBLICAÇÃO
(SINDICATO NACIONAL DOS EDITORES DE LIVROS, RJ)

S496a

Serra, Floriano
Amar é para sempre / Floriano Serra. - 1. ed., reimpr. - São Paulo : Vida & Consciência, 2018.
288 p. ; 23 cm.

ISBN 978-85-7722-560-6

1. Romance brasileiro. I. Título.

18-49755 CDD: 869.3
CDU: 82-31(81)

Este livro adota as regras do novo acordo ortográfico (2009).

Vida & Consciência Editora e Distribuidora Ltda.
Rua Agostinho Gomes, 2.312 — São Paulo — SP — Brasil
CEP 04206-001
editora@vidaeconsciencia.com.br
www.vidaeconsciencia.com.br

Dedico esta obra aos atores de todos os lugares, que são pessoas especiais e indispensáveis, alquímicas por natureza e que, com seu trabalho, promovem mudanças e transformações nas pessoas, fazendo-as rir, chorar e principalmente refletir. Talvez por isso, não possuam toda a liberdade de que necessitam e a qual têm direito, mas o barulho que fazem com o pouco espaço que lhes é concedido é a prova inegável de sua força imbatível.

APRESENTAÇÃO

"Há quem diga que todas as noites são de sonhos.
Mas há também quem garanta que nem todas, só as de verão.
No fundo, isso não tem muita importância.
O que interessa mesmo não é a noite em si, são os sonhos.
Sonhos que o homem sonha sempre, em todos os lugares,
em todas as épocas do ano, dormindo ou acordado."

William Shakespeare, escritor, poeta,
dramaturgo e ator inglês [1564-1616].

Muitas pessoas acreditam que a melhor maneira de se proteger contra as perdas é não ter. Segundo essas pessoas, a lógica é: se não tenho, não há o que perder.

O dramático dessa falsa crença é que ela é levada também ao campo amoroso e isso conduz ao seguinte raciocínio: a melhor maneira de evitar a perda de um grande amor é nunca ter um.

Há três fatores que podem explicar essa posição: grande insegurança afetiva, baixíssima autoestima ou uma forte e dramática experiência de perda de um grande amor em vidas passadas.

Explico melhor: dentro do processo reencarnatório, muitas boas qualidades e talentos especiais poderão acompanhar a nova vida, e as chamadas crianças-prodígio estão aí para demonstrar isso. Afinal, tocar Beethoven no piano aos três anos não pode ser explicado apenas por ensaios e aprendizagem, assim como falar fluentemente outro idioma.

Mas há também outra possibilidade nada confortável. Algumas vivências traumáticas de vidas passadas podem acompanhar uma alma que volta, impregnando a pessoa com fobias e diversos medos, inclusive o de amar.

Ora, uma alma retorna à Terra justamente para se aperfeiçoar e superar-se, aprendendo novos e mais adequados comportamentos, para ser uma pessoa melhor e conseguir ser feliz, sem medos irracionais.

Sabe-se que há medos lógicos, explicáveis e até saudáveis — afinal, o medo não é uma emoção necessariamente ruim. Por exemplo: é ele que nos protege, salvando nossa vida, quando nos faz fugir de um perigo iminente.

O medo, qualquer que seja ele, só deve ser questionado quando não tem um fundamento, um motivo, uma razão que justifique ou explique sua existência.

Nesses casos, a solução pode estar aqui mesmo na Terra, por meio da psicoterapia, complementada por alguns medicamentos. Mas quando todas as alternativas terrenas de cura são esgotadas sem resultados positivos, é preciso desfazer-se de preconceitos e, humildemente, aceitar a possibilidade de causas imponderáveis como a reencarnação.

Claro que nem todos os comportamentos, hábitos, atitudes e fobias decorrem de vidas passadas. Nada de generalizações, exageros ou radicalismos. Mas também não podemos deixar de considerar que certas habilidades e manias, tão estranhas à família, à educação recebida ou ao contexto em que a pessoa vive, possam ter sua origem em vidas anteriores.

Os médicos curam as doenças do corpo e da mente, mas não lhes cabe curar as da alma — e inclusive, muitas vezes, é difícil separar e identificar as três causas. Se a origem for espiritual, deve-se procurar uma entidade capaz de oferecer tratamento adequado.

Sei que a ideia da reencarnação ainda divide opiniões. Enquanto ela tem a integral aceitação de um número considerável de pessoas, outras tantas torcem o nariz para ela, desprezando o fato de que já era aceita por alguns povos 5000 anos a.C., e é um dos pontos fundamentais das religiões praticadas no Egito Antigo, do Hinduísmo, do Budismo, do Taoísmo, da Cabala Judaica, da doutrina espírita, e era considerada pelas filosofias pitagórica e socrática-platônica.

Certamente, a cultura da sociedade moderna prefere investir no racional e no emocional, mas alguns fatos e manifestações recomendam que se inclua o espiritual no cotidiano humano — e não apenas com relação à reencarnação, mas a tudo que se refira ao mundo invisível que está presente em nossas vidas.

Como a reencarnação ocupa lugar de destaque nesta história de amor, é recomendável que o leitor mantenha a mente aberta e aceite de bom grado refletir sobre questões da espiritualidade, sem preconceitos.

Se fizer isso, não achará absurda esta história que contempla um amor intenso e verdadeiro, mostra a capacidade humana de superação e outros cativantes mistérios que permeiam nossas vidas.

Tudo muito bem temperado com argumentos que vêm da mente, mas, sobretudo, da alma e do coração do autor.

Com carinho,
Floriano Serra

PRÓLOGO

Moscou, 1941

Como se sabe, o inverno russo é um dos mais rigorosos do mundo, compondo quadros lindos para as fotografias dos turistas, mas muitos incômodos para os moradores.

Naquela noite, apesar da neve e do frio intenso que fazia, a avenida Tsvetnoy Boulevard, no centro de Moscou, estava bastante movimentada. Ali se localizava um dos mais antigos circos da capital russa, inaugurado em 1880 e que foi o único na cidade durante o longo período de 1926 a 1971.

Essa movimentação era comum sempre que havia apresentação dos grandes palhaços circenses.

Foi nesse turbulento ano de 1941, em plena Segunda Guerra Mundial, sob a constante ameaça de uma invasão nazista, que Dimitri visitou o circo pela primeira vez.

Dimitri era um belo jovem de família nobre, formado em música e com especialização em violinos. Até então a música ocupava um lugar de destaque em sua vida. Mas quando assistiu, pela primeira vez, a uma apresentação circense, apaixonou-se de imediato pela arte cênica. No mesmo instante, sentiu que seu futuro e sua felicidade estavam irremediavelmente associados a um palco ou a um picadeiro — ou a ambos.

Dali para frente, Dimitri passou a frequentar regularmente as apresentações do circo e, por extensão, interessou-se também pelo teatro. Assim, estava presente sempre que tomava conhecimento de que o circo estava funcionando ou de que alguma peça teatral estava sendo encenada. Independente da distância, ele fazia o maior esforço para comparecer aos eventos.

Mas, naquela época, manter esse hábito com regularidade não era tarefa fácil para ninguém. Todos esses espetáculos passavam por enormes dificuldades devido aos contratempos causados pela Grande Guerra, da qual a Rússia participava com seu exército.

Foi um período de enorme tensão, sofrimento e preocupação, não apenas para a classe artística, mas para toda a população russa.

Como era previsto e temido, a Alemanha nazista invadiu a então União Soviética em junho. Mas nem a invasão nazista impediu que os atores continuassem com suas apresentações. Pelo contrário, os artistas de toda a Rússia, de todos os gêneros, mobilizaram-se e marcaram presença no apoio ao exército para a defesa da União Soviética. Destemidamente, eles se apresentavam em hospitais, escolas, aeroportos, quartéis, a bordo de navios de guerra e, especialmente, para as tropas da retaguarda. O objetivo era ajudar todos a manter o moral elevado, apesar do permanente perigo bélico que os rondava. Era um heroico e arriscado esforço da classe, equipada apenas com o talento e a coragem de cada um.

Visceralmente patriota, Dimitri aderiu fortemente a esse movimento. Ele e seus colegas de arte usaram o talento para tentar aliviar a tensão da população e dos militares da crueldade da guerra.

Em algum momento daquele período e em alguma dessas atividades, Dimitri conheceu Anatoly, diretor de teatro. Pela semelhança de ideias e ideologias, tornaram-se logo grandes amigos e, juntos, atuaram bastante em defesa dos menos favorecidos e, em especial, das crianças, desnorteadas e amedrontadas no meio daquela guerra insana e destruidora.

Muito provavelmente devido à amizade fortalecida pela luta em conjunto e pelo grande amor à arte, Dimitri e Anatoly cada vez se tornavam mais unidos e faziam grandes planos para permanecer juntos quando a guerra acabasse e pudessem, assim, continuar praticando a arte que tanto amavam.

Um dia, quando encerrou o ensaio de mais uma peça, Anatoly apresentou Dimitri a uma amiga e aluna, Ludmila. Esse foi um encontro decisivo para a vida de ambos, porque logo se apaixonaram perdidamente. Foi um típico caso de amor à primeira vista.

De tal maneira tomados pela emoção daquele encontro, mal ouviram o comentário do diretor:

— Meu amigo Dimitri, a maior prova de amizade que posso lhe dar é esta: apresentar-lhe minha bela e querida amiga Ludmila, uma das maiores atrizes de Moscou, também militante de nossa causa.

Reza uma antiga lenda que, quando duas almas gêmeas se encontram, acontece uma poderosa magia entre elas. É como se explodisse algum magnetismo fulgurante, mas invisível, uma certa atração irresistível na troca do primeiro olhar. Foi ali mesmo, em um ambiente tão avesso ao amor por que conturbado pela guerra, que Dimitri e Ludmila perceberam terem nascido um para o outro. Olharam-se e cumprimentaram-se como se se conhecessem havia muito tempo — ou até mesmo, de outras vidas...

CAPÍTULO 1

Passada a emoção, num gesto delicado, Dimitri beijou-lhe as mãos brancas e macias e disse-lhe o que se passava no seu coração:

— Ludmila, eu poderia repetir dezenas de frases românticas extraídas das peças em que já trabalhei, mas prefiro deixar meu coração falar e lhe dizer apenas que estou encantado por conhecê-la.

Ela respondeu à altura, deslumbrada com tal galanteio:

— Ainda bem que você fez essa escolha, Dimitri, porque certamente eu reconheceria qualquer frase que você escolhesse e então nossa apresentação não seria tão espontânea e especial. Eu também estou encantada por conhecê-lo.

No mesmo instante, Anatoly sentiu no ar o clima romântico criado ali, repentinamente, entre os dois colegas:

— Queridos amigos, salvo uma falha da minha percepção, acho que acaba de começar o primeiro ato de uma bela história de amor.

Dimitri respondeu sem deixar de olhar para Ludmila:

— Nunca sua percepção foi tão aguçada e certeira quanto agora, meu caro Anatoly. E quando eu disse que estava encantado por conhecer Ludmila, não fui exagerado. Os céus fizeram uma magia e me transformaram em outro homem.

Encantada com aqueles inteligentes galanteios, Ludmila deixou escapar um riso cristalino e arrebatador:

— Fiquei lisonjeada com suas palavras, mas, ao mesmo tempo, curiosa: em que outro homem você terá se transformado, Dimitri?

— Num homem apaixonado, minha cara. Vocês podem até me achar precipitado ou mentiroso, mas estariam cometendo um enorme erro, porque estou falando a verdade que revela aquilo que meu coração está sentindo neste momento.

Ludmila estava arrebatada:

— Pois eu acredito, Dimitri. Também costumo ser precipitada quando algo ou alguém me toca o coração.

Anatoly interveio novamente:

— Ei, já esqueceram que estou aqui? Do jeito que vocês estão acelerando o andar da carruagem, daqui a pouco vão estar se beijando, já no primeiro encontro.

Em nenhum instante os dois pararam de se olhar e, diante do que o diretor disse, Dimitri foi objetivo:

— E por que não, mestre? Não só como diretor teatral, mas também como amigo, vejo que você sempre apresenta ótimas ideias.

Foi Ludmila quem se aproximou primeiro e isso significava uma clara coincidência do desejo de ambos, portanto, uma concordância. Ali mesmo, diante de um Anatoly surpreso, mas empolgado, Dimitri e Ludmila se juntaram num longo e apaixonado beijo.

Quando o casal finalmente se afastou um do outro, mas permanecendo de mãos dadas, Anatoly resmungou:

— Diante do que presenciei, agora só preciso ter certeza de que fiz algo realmente bom para ambos, ao apresentá-los. Espero que eu não venha a me arrepender depois.

Pela primeira vez desde que foram apresentados, Ludmila desviou os olhos de Dimitri para responder a Anatoly:

— Pode ficar tranquilo, meu caro mestre. Fazia muito anos que meu coração não batia de forma tão descontrolada. E isso deve ser previsão de bons momentos ao lado de Dimitri.

Dimitri se empolgou:

— Se depender de mim, Ludmila, moverei céus e terra para fazê-la a mulher mais feliz de toda a Rússia.

E a partir de então não pararam mais de se ver.

Ludmila perdera recentemente seus pais num conflito da guerra em que eles estavam próximos e foram mortalmente atingidos pelos estilhaços do artefato.

Em vez de deixá-la abatida, essa tragédia deu-lhe forças para continuar agindo com o intuito de cessar aquelas barbaridades sem sentido. Sua aproximação de Dimitri trouxe-lhe um pouco mais de segurança, confiança e conforto e, ao mesmo tempo, coragem para lutar.

De pele muito alva, longos e lisos cabelos negros, lábios finos e vermelhos e um profundo olhar azul, Ludmila era uma jovem e bela atriz que amava o teatro, desde a adolescência. Já atuara várias vezes sob a direção de Anatoly, inclusive na famosa peça *Sonho de uma noite de verão*, de William Shakespeare.

Quando soube da paixão que reinava entre Dimitri e Ludmila, o diretor Anatoly ficara muito feliz, pois adorava os dois, de quem era grande amigo e admirador.

Quando não estavam viajando para atuar em diversos lugares da Rússia, principalmente onde a guerra estava deixando marcas de sofrimento, os dois apaixonados estavam namorando, curtindo aquele amor tão imenso e inesperado.

Terminada a Segunda Guerra Mundial, em 1945, com a derrota da Alemanha, Dimitri e Ludmila passaram a morar juntos e durante anos compartilharam o prazer pelo trabalho artístico, bem como a intimidade e o aconchego do lar.

Um dia, após mais uma brilhante apresentação, e, dessa vez, altamente emotiva, foram para casa com os sentimentos à flor da pele. Depois de mais uma intensa noite de amor, Dimitri e Ludmila ficaram conversando na cama, abraçados:

— Querida, preciso confessar-lhe que há bastante tempo venho pensando muito em algumas coisas.

Ela se fingiu de enciumada:

— Dimitri, você anda ocupando seu pensamento com outras coisas que não comigo?

Ele sorriu e beijou-a no pescoço esguio:

— Tolinha, mesmo que eu quisesse, não conseguiria. Sua bela imagem e suas lindas palavras invadem meu pensamento a todo instante. Quase não me deixam trabalhar direito.

Feliz, ela girou o corpo para ficar de frente para ele e beijou-o com paixão:

— Te amo muito, querido, nunca se esqueça disso. Mas agora me diga, em que você anda pensando tanto?

— É o seguinte: eu queria ter mais tempo para nós dois. Mesmo antes de a guerra acabar, já estávamos num ritmo alucinante e até perigoso de trabalho. Temos trabalhado tanto, que praticamente só nos vemos nos palcos, nos picadeiros e na cama.

Ela brincou, maliciosa:

— Não sei do que você está se queixando, meu amor, pois esses três lugares, que você citou, são maravilhosos, e eu gosto muito de estar neles, desde que, claro, com você.

Ele sorriu feliz:

— Eu sei, minha linda. E concordo inteiramente com você, mas a minha ideia não é abandonar esses lugares, principalmente o terceiro, — voltaram a se beijar —, mas eu queria ter mais tempo com você, para fazermos coisas descompromissadas, como viajar, por exemplo.

— Pois lhe confesso que, também, há muito tempo, sinto a mesma coisa, de uma maneira cada vez mais intensa. E ainda vou mais longe, as minhas pretensões são bem mais ambiciosas do que as suas.

— Como assim?

Ela se esticou e sussurrou ao ouvido dele:

— Eu acho que está na hora de aumentarmos a família.

Ele quase pulou da cama de tanta surpresa e alegria:

— Um filho? Você está falando de termos um filho? — Ela confirmou, balançando a cabeça com um sorriso travesso. — Meu Deus! Um filho! O que eu sempre quis!

Ela pôs uma mão no quadril:

— E por que não me falou isso antes, amor?

— Porque eu não tinha certeza de que você gostaria de interromper a carreira por algum tempo. Para não correr o risco de contrariá-la, preferi ficar em silêncio, esperando uma oportunidade de falar.

— Pois fique sabendo que eu quero, meu amor, e muito. Tenho certeza de que um filho agora virá completar nossa felicidade. Ficaremos um tempo sem atuar, mas depois voltaremos mais motivados. E ensinaremos ao nosso filho a arte do palco e do picadeiro, e ele dará continuidade ao nosso trabalho e à nossa missão.

— De pleno acordo, querida. Agora me responda: e por que não providenciamos isso agorinha mesmo?

Ela se surpreendeu e o desafiou:

— Agora? Mas você está disposto depois que nós...?

Ele nem a deixou terminar a pergunta. Sorriu de forma sedutora e debruçou-se sobre a mulher amada:

— Você mesma vai comprovar.

As estrelas, que podiam ser vistas pela janela aberta, foram testemunhas de mais uma incrível magia do amor a dois.

CAPÍTULO 2

Algumas semanas depois, decidiram criar sua própria companhia teatral, contando com todo o apoio e a orientação de Anatoly:

— Vocês são pessoas especiais e têm uma missão linda pela frente. Devem usar seu talento para iluminar e transformar as pessoas, alegrá-las e até curar suas doenças da alma, pois o teatro tem esse poder e vocês são o instrumento principal para isso. Realizem essa missão, sem se esquecerem de reservar um espaço importante para as crianças.

Dimitri e Ludmila eram, de fato, muito talentosos e empreendedores e, em pouco tempo, colocaram seus planos em prática. Dedicaram várias semanas para planejar sua companhia e fazer contatos com outros profissionais, para que se juntassem a eles.

Infelizmente, quando menos esperavam, tiveram uma trágica e triste notícia: perderam a companhia do amigo e colega Anatoly. Inadvertidamente, ele pisou numa mina remanescente da guerra e não sobreviveu aos graves ferimentos provocados pelos estilhaços.

Pouco antes de deixar este mundo, no leito hospitalar, ao receber a visita do casal de amigos, ainda teve forças para sussurrar antes de dar o último suspiro:

— Amigos, por mais dificuldades que encontrem, não se esqueçam da missão de vocês, da qual lhes falei.

Dimitri apertou-lhe a mão fria:

— Sossegue, querido amigo, estaremos sempre em um palco ou picadeiro e, nesses momentos, nos lembraremos de você, a quem seremos eternamente gratos pela leal e fraternal amizade e pelo muito que nos ensinou com sua experiência e dedicação.

Foi Dimitri quem apresentou o circo a Ludmila. Numa noite em que ele iria se apresentar, logo após se conhecerem, ele a convidou para assisti-lo. Ela adorou vê-lo como palhaço, empunhando um velho violino, cantando e dançando para a alegria do público, que não parava de gargalhar.

Para satisfação dele, Ludmila também decidiu ser palhaça e, em pouco tempo, estava se apresentando ao lado de seu amado.

O público os amava, não só pelo talento observado nas interpretações, mas principalmente porque faziam apresentações gratuitas para as crianças de comunidades carentes e para aquelas que se encontravam hospitalizadas. Era uma demonstração clara do bom coração da dupla.

Durante anos felizes, a vida do casal funcionou assim: o teatro era a prioridade, demandava mais tempo de preparação e mais dedicação e estudos, mas, em compensação, possibilitava a divulgação de mensagens mais tocantes, transformadoras e relevantes. O circo era a diversão, a boa ação. Embora de formatos diferentes, para eles, não havia diferença na prática das duas artes: a dedicação era a mesma.

Embora o desejado e esperado filho não apresentasse sinais de que chegaria logo, pois Ludmila não conseguia engravidar, Dimitri e sua esposa foram felizes por muito tempo. Na opinião dos colegas de elenco e de profissão, poucas vezes, desde Romeu e Julieta, o teatro conhecera um casal tão enamorado, tão apaixonado. Viviam e se comportavam como dois eternos namorados.

A cada mês, ficavam atentos para perceber um sinal, por menor que fosse, de que o sonho de terem um filho estaria prestes a se tornar realidade, mas quase sempre a espera era frustrada. Mas jamais pensaram em desistir: continuavam tentando o quanto podiam.

Mas infelizmente não puderam realizar esse sonho.

***

Dizem que, em quase toda grande história de amor, existe um "mas" que pode mudar os rumos da estrada que leva à felicidade, à realização do amor perfeito.

Na grande e linda história de amor de Dimitri e Ludmila, o "mas" também se fez presente, interrompendo de forma inesperada e cruel o sonho e a felicidade do casal.

A partir de um determinado momento, Ludmila passou a mostrar evidentes sinais de grande fraqueza física. Quando concluía sua parte numa peça, estava tão cansada que quase desfalecia nos bastidores. Seus movimentos passaram a ficar mais lentos e sua voz mais débil. Parecia ter se tornado uma pessoa sem energia.

Assim que percebeu que algo estava errado com a saúde de sua amada, Dimitri suspendeu todas as apresentações e voltou sua atenção para Ludmila. Levou-a a vários médicos, de diferentes especialidades, e como não viu melhora, procurou também por benzedeiras, curandeiros e magos.

Por fim, mesmo sem ter recursos financeiros suficientes, levou-a ao melhor e mais caro hospital de Moscou, utilizado por políticos, empresários e milionários em geral. Dimitri sentia que precisava tentar de tudo.

Na recepção, ao saberem que se tratava da esposa de um ator, torceram o nariz com desdém:

— Ator? O senhor é um ator de teatro?

— Sim, minha esposa também. Ela está tão fraca que não tem mais condições de trabalhar.

O gerente riu de maneira sarcástica:

— E vocês, atores, trabalham?

Dimitri controlou-se para não retrucar com uma resposta desaforada. Não podia se esquecer de que precisava de ajuda:

— Trabalhamos e muito, meu amigo.

O sujeito continuou cruel:

— E como o senhor acha que vai conseguir pagar a conta? Este é o melhor e mais caro hospital de Moscou.

— Eu sei que é o melhor, por isso a trouxe aqui. Quanto à conta, não se preocupe, darei um jeito de pagá-la.

— Ora, o senhor é apenas um ator. Como posso confiar na sua palavra?

— Acredite, eu pagarei tudo que for necessário. Mas, por favor, minha mulher morrerá se não receber ajuda.

Desta vez, o gerente foi cruel:

— Sinto muito, senhor ator. Isso aqui não é uma entidade beneficente. Não podemos acolher sua esposa.

Dimitri explodiu de indignação:

— O senhor é cruel e insensível! Não está à altura de trabalhar numa instituição respeitável como esta!

Veio outro homem, muito bem vestido, parecendo superior ao gerente na hierarquia do hospital. Ele interrompeu a discussão que estava se tornando agressiva:

— Oleg, o que está acontecendo aqui?

O gerente tornou-se humilde, repentinamente:

— Nada, senhor, é apenas um ator que está sendo inconveniente. Mas ele já está se retirando.

Dimitri esperava alguma compreensão do recém-chegado, mas enganou-se ao ouvi-lo dizer:

— Ainda bem, Oleg. Não podemos tolerar escândalos em nossa casa. — E se retirou.

Fulo de raiva, Dimitri voltou para o carro, onde Ludmila o esperava, quase desfalecida, e voltaram para casa.

Na alma de Dimitri ecoava dolorosamente as palavras do gerente: "É apenas um ator! ".

Agora chorava por sua amada e por si próprio.

Para o sofrimento de Dimitri, nenhum dos remédios que dava à sua mulher surtia efeito. Ludmila definhava rapidamente a olhos vistos e quase não conseguia mais ficar de pé. Dimitri se desesperava, pois não sabia mais o que fazer, nem a quem recorrer para salvar sua amada.

Num dia chuvoso e cinzento, quase sem voz, magra, frágil e sem energias, Ludmila repousava na cama, quando pediu a Dimitri:

— Amor, não se surpreenda com o que vou lhe pedir. Por favor, pegue o violino. Quero que toque para mim.

De início, Dimitri não entendeu o pedido, de tão inesperado que era. Ela repetiu e acrescentou:

— Quero que toque violino para mim. Mas primeiro, quero que se vista de palhaço, cante e dance. Exatamente como tantas vezes fizemos juntos para os pobres e as crianças doentes.

Dimitri ficou chocado, pois seu sentimento era de profunda dor e tristeza diante da doença de Ludmila.

— Mas, querida, como você acha que vou conseguir...

Ela o interrompeu docemente:

— Amor, use sua imaginação. Faça de conta que sou uma criança doente a quem você gostaria de alegrar.

Mas ele relutava:

— Ludmila, não vou conseguir, querida. Perdoe-me, mas procure compreender. Meu coração está em prantos. Como vou tocar, cantar e dançar com você nesse estado?

Mas ela insistiu:

— Por favor, meu amor, faça de conta que é o meu último pedido antes de deixá-lo. Quero levar em minha alma essa lembrança.

Dimitri se aproximou da esposa, chorando:

— Perdoe-me, não serei capaz.

Lentamente, ela levantou o braço e com o dedo indicador apertou leve e carinhosamente a ponta do nariz do amado:

— Querido, você é ou não é um ator?

— Você sabe que sim, meu amor.

— Pois represente, finja que está alegre. O espetáculo não pode parar. Nós já fizemos comédia em plena guerra, ouvindo a explosão das bombas e o gemido dos feridos, lembra?

— Claro que lembro, querida, mas...

— Faça isso por mim, Dimitri. Eu estou lhe pedindo.

Então, ele não teve mais argumentos.

Com lágrimas nos olhos, esforçando-se o quanto pôde para esconder a tristeza e o desespero, ele atendeu ao pedido dela. Vestiu-se de palhaço, dançou e cantarolou, arranhando o velho violino.

E, entre lágrimas, viu-a sorrindo, num resquício de felicidade. Ludmila continuou sorrindo muito para ele, quase gargalhando — até que um acesso de tosse sacudiu seu frágil corpo, o que fez Dimitri parar a apresentação para acudi-la.

Ele só teve tempo de ouvi-la sussurrar:

— Obrigada, meu amor. Eu o amarei para sempre. Para além deste tempo e para além da vida.

E, suavemente, mantendo o sorriso nos lábios, libertou sua alma, que foi para as extensas pradarias encantadas da Morada Eterna, onde só os espíritos evoluídos têm acesso.

Ninguém poderia dizer se os angustiantes e desesperados gritos de dor de Dimitri puderam ser ouvidos em tão longínquo espaço.

Nunca saberemos.

O que se sabe é que os sonhos de Dimitri e Ludmila, de terem um filho, uma família, uma companhia de teatro, com dois palhaços violinistas para alegrar as crianças, desvaneceram-se naquele momento.

Tudo isso, ali mesmo, naquele instante, foi abandonado, desprezado, esquecido. No lugar desse sonho, ficou o pesadelo da dor, da solidão e do medo incontrolável de sempre correr o risco de perder toda vez que amar.

No seu desespero, Dimitri concluiu que a única maneira de não voltar a perder, era jamais voltar a ter. Não era uma premissa correta, mas foi a que sua alma adotou naquele momento de dor.

Em consequência, nunca mais o público ouviu falar dele em nenhum palco ou picadeiro da Rússia.

CAPÍTULO 3

São Paulo — outono de 1994.

Benício e Flávia lembravam exatamente da noite em que, depois de completarem três anos de casados, deram o primeiro passo para a vinda do primeiro e único filho deles.

Eles tinham ido assistir a uma apresentação do circo que acabara de estrear na cidade. Apesar de todos os números de equilibrismo, trapézio, mágica e acrobacia, o que os encantou de verdade foram os palhaços.

Era um casal fantasiado a caráter: roupas enormes e coloridas, imensos sapatos, perucas exageradas, um enorme nariz vermelho combinando com o vermelho do batom espalhafatosamente presente na boca de cada um deles e tudo o mais que fazia parte do traje. Durante todo o tempo, os palhaços ficavam tentando tocar violino, enquanto cantavam e dançavam entre os tombos propositais, as estripulias e as peripécias.

Naquele momento, Benício e Flávia voltaram a ser crianças, rindo descontraidamente das ingênuas e engraçadas trapalhadas do casal de palhaços encantadores.

Voltaram para casa leves e animados. Não se sabe se isso contribuiu ou não para a decisão deles de terem um filho. O fato é que, nove meses depois, nascia um lindo garoto, que recebeu o nome de Alfredo. De vez em quando, era chamado Alfredinho ou simplesmente Fred.

Como eles previram, com a chegada do bebê a casa parecia ter sido energizada, recheada com risos e brincadeiras entre os pais e o filho.

Como principal fonte de renda, Benício tinha um negócio comercial, uma loja de materiais de construção. Como desfrutava de ótimo conceito na região e era muito bem relacionado, sobretudo com as construtoras, a loja apresentava sempre consideráveis resultados positivos.

Benício comandava uma equipe de leais funcionários, na qual confiava muito e, graças às orientações dele, aquele pessoal estava muito bem preparado e qualificado para atender a clientela. Isso lhe permitia, a seu bel-prazer, reservar um ou mais dias de folgas para curtir o filho, em casa ou levando-o a parques e a outros passeios, ao lado da inseparável Flávia.

Desde que nasceu, Alfredo mostrava possuir uma saúde de ferro: sempre alegre, disposto e incansável, fazendo com que seus pais, embora ainda jovens, chegassem exaustos ao final do dia.

A cada ano que passava, Alfredo mostrava-se cada vez mais saudável, para alegria e tranquilidade do casal. Até que um dia, inesperadamente, as coisas mudaram.

Levou algum tempo até que Benício e Flávia percebessem que havia algo de errado com a saúde do menino.

Habitualmente ativo e irrequieto, o garoto, que acabara de completar cinco anos, vinha se mostrando apático, desanimado e fraco. Não tinha mais disposição para andar de bicicleta, jogar bola ou fazer qualquer coisa que exigisse um mínimo de esforço. Na verdade, não tinha ânimo para nada. Queria apenas passar o dia deitado.

De início, seus pais julgaram tratar-se de um resfriado forte, mas os dias passavam e não havia melhora no estado do menino, apesar dos remédios que tomava. Diante disso, passaram a questionar se era mesmo um resfriado, pois o garoto não apresentava os sintomas característicos.

O tempo passava e o pequeno Alfredo continuava emagrecendo e definhando. Só queria dormir.

Foi quando seus pais se preocuparam de verdade. Alfredo já tivera outras doenças comuns às crianças, mas desta vez o quadro era crítico e preocupante.

Primeiro, levaram o filho a um pediatra.

O médico pediu alguns exames, receitou um xarope e, decorridos vários dias, nenhuma melhora ocorreu. Retornaram ao médico, quando os exames ficaram prontos.

O doutor analisou os resultados com atenção, mas nada encontrou de errado no organismo do garoto. Sem um diagnóstico definido, o pediatra voltou a insistir no uso do xarope.

Em vão. Apesar de todos os cuidados e da medicação, nenhuma melhora foi observada depois de mais alguns dias.

Insatisfeitos e preocupados com a falta de resultados, Benício e Flávia decidiram procurar outros médicos. Consultaram clínico geral, reumatologista e outros especialistas.

Muitos exames de laboratório e de imagem foram realizados, mas não se chegava a nenhuma conclusão. Os exames nada mostravam de errado com o organismo da criança.

Os pais de Alfredo começaram a entrar em pânico, diante da falta de um diagnóstico que indicasse o tratamento adequado para o filho. Era deveras desesperadora a situação.

Certa noite, Benício acordou com o riso do filho.

Perturbado com aquilo, acordou Flávia que também achou estranho, até porque as risadas se prolongavam além do que seria normal se se tratasse apenas de um sonho. Por outro lado, eram muito altas para uma criança que se encontrava debilitada.

Intrigados, levantaram-se e caminhando devagar, foram até o quarto de Alfredo, ao lado, e olharam pela porta entreaberta.

O menino estava sentado na cama e olhava para o espaço à sua frente, movendo a cabeça de um lado para o outro, como se estivesse acompanhando com o olhar alguém se movendo à sua frente — obviamente alguém muito engraçado.

Só que não havia ninguém no quarto de Alfredo além dele próprio.

Benício e Flávia se entreolharam, mais intrigados ainda. O garoto nem parecia mais doente: ria como se estivesse se divertindo com algo ou alguém muito engraçado que estava naquele quarto.

A primeira hipótese que veio à mente dos pais era de que se tratava de um sonho. Mas também poderia ser um delírio provocado pela febre. De qualquer modo, o menino estava tendo uma alucinação.

Enquanto os pais tentavam decidir o que fazer, os risos diminuíram até parar, e então Alfredo levantou o rosto e fechou os olhinhos como que para receber um beijo na testa. Em seguida, tranquilamente, deitou-se, puxou a coberta até o pescoço e adormeceu serenamente.

Flávia entrou devagarinho no quarto, seguida pelo marido. Com muito cuidado, colocou uma das mãos na testa do filho para verificar se ele estava com febre, o que explicaria um eventual delírio.

Alfredo não estava com febre.

Benício e Flávia olharam em volta do quarto para ver se descobriam alguma coisa que pudesse justificar aquelas risadas do filho, em plena madrugada, mas nada parecia diferente ou errado, nada estava fora do lugar. Cada vez mais intrigados, ficaram olhando para o filho adormecido, ressonando tranquilamente. Até que, cansados, voltaram para a cama, mas demoraram a conciliar o sono.

Depois de conversarem um pouco sobre o ocorrido, acabaram aceitando a explicação de que se tratara de um sonho alegre.

O assunto poderia ter sido rapidamente esquecido, se não fosse o fato de que aquele curioso comportamento de Alfredo se repetiu nas duas noites seguintes.

Na manhã seguinte ao terceiro dia do "sonho", Benício aproveitou a hora do desjejum para questionar o garoto:

— Filho, eu e sua mãe temos a impressão de que você vem tendo sonhos muito engraçados, pois temos ouvido seu riso durante a madrugada. E ri tão alto que chega a nos acordar.

Alfredo vinha se mantendo calado todos os dias, certamente por causa de sua fraqueza. Mas diante do comentário do pai, adquiriu uma disposição inesperada para falar:

— Não é sonho, pai. É minha amiga palhaça, que faz graça para mim. Ela tem vindo me visitar essas noites.

Flávia aproximou-se do filho:

— Você tem uma amiga palhaça?

— Tenho. E toca violino também. Aí ela canta e dança. É uma garota muito, muito engraçada.

Benício arriscou:

— Será que a gente poderia ser apresentado a ela?

O pequeno Alfredo pensou um pouco antes de responder:

— Acho que não. Ela me disse que se apresenta só para crianças doentes, como eu estou agora.

Os pais se entreolharam. Benício continuou:

— Que pena, filho. Dessa maneira, sua mãe e eu não poderemos agradecê-la pelo bem que está fazendo a você, dando-lhe alegria.

— Vão, sim. Ela vai entrar em contato com vocês.

Os pais arregalaram os olhos:

— Como você sabe disso?

— Ora, mãe, como é que eu poderia saber? Ela me disse.

Benício ficou ansioso:

— Foi? E quando vai ser esse contato? Como? Onde?

— Ah, pai, essas coisas eu não sei, ela não falou. Só disse que em breve iria conversar com vocês. — Naquele momento, Alfredo voltou a ficar com o semblante de fragilidade e sono. — Mãe, estou cansado.

— Está bem, filho. Assim que você terminar de tomar seu leitinho, o levarei para a cama.

Com expressão de enjoado, ele afastou delicadamente a xícara para longe de si:

— Desculpe, mãe, mas não consigo beber mais.

— Nem mais um pouquinho? — Alfredo balançou a cabeça negativamente. — Está bem, então vamos.

Naquele instante, Benício, muito preocupado, decidiu que levaria seu filho a uma nova consulta, o quanto antes.

***

Benício conseguiu agendar uma consulta com o pediatra para a tarde do dia seguinte. O médico já conhecia o garoto e estava acompanhando de perto seu caso.

Na sala de espera, os três aguardavam pacientemente pela consulta. A secretária, atrás de um balcão na frente deles, de vez em quando olhava para Alfredo e sorria — mas não era correspondida, certamente por causa do mal-estar dele.

Na sala havia apenas eles três e uma bonita jovem, muito branca, de longos e lisos cabelos negros. Assim, deduziram que não demoraria a serem atendidos pelo médico. Na pior das hipóteses, tinha só mais uma pessoa na frente deles — justamente aquela jovem que, de vez em quando, sorria para Alfredo que, curiosamente, correspondia, mesmo com a expressão abatida.

Flávia percebeu aquele fato e cutucou o marido, que respondeu sussurrando:

— Vai ver que ele achou a moça mais simpática que a secretária... — e riram discretamente.

O interfone da secretária tocou — provavelmente era o médico chamando o próximo paciente. No momento em que a secretária se levantou e entrou na sala do doutor para levar a ficha de Alfredo, a moça se aproximou do casal e falou calmamente:

— Desculpem, sei que não nos conhecemos, mas preciso transmitir-lhes um recado.

Benício e Flávia se entreolharam:

— Recado? De quem?

Ela falava com calma. Sua voz era macia, mas convincente:

— Isso não é importante agora, acreditem. Prestem atenção: a doença do seu filho não é física, é espiritual. Por isso, nenhum médico irá curá-lo. Por favor, acreditem em mim e levem-no com urgência a um centro que faça tratamento espiritual.

Quando Flávia, surpresa, se preparava para retrucar, a secretária voltou da sala do médico e chamou-os:

— Podem entrar.

Assim, não tiveram tempo de continuar a conversa com a moça, mas tentariam concluí-la na saída. Levantaram-se e entraram na sala do médico, com Alfredo carregado pela mãe.

O doutor era muito atencioso e tinha grande habilidade para atender as crianças, mas a consulta foi de rotina, igual a tantas outras já feitas com aquele e outros profissionais. Cuidadosamente, ele examinou novamente a garganta de Alfredo, os olhos, os ouvidos, auscultou o peito, as costas e o abdome e voltou a olhar os exames que haviam sido feitos no começo do mês. No final, a informação foi a mesma:

— Isso é muito estranho. Os exames que fiz agora no corpinho dele e os que já haviam sido feitos pelo laboratório, não apontam para nenhuma patologia ou disfunção no organismo do garoto. Sinceramente, não me sinto confortável para receitar qualquer novo medicamento, pois não sei como diagnosticar esse quadro. Em todo caso, vou pedir mais alguns exames complementares. Quem sabe, descobriremos algo que possa nos orientar a encontrar um diagnóstico e ajudar o Alfredo.

Diante disso, Benício e Flávia, decepcionados com o parecer do médico, não se sentiram à vontade para comentar os sonhos do filho. Provavelmente não ajudariam em nada.

Agradeceram ao médico e, ao saírem da sala, procuraram, mas não viram mais a moça na sala de espera, a que falara com eles havia pouco minutos.

Frustrada, Flávia dirigiu-se à secretária:

— Por favor, saberia me dizer se a moça que estava aqui já foi embora ou ainda vai ser atendida?

A secretária olhou para a sala e para Flávia, intrigada:

— Moça? Aqui na sala de espera?

— Sim, estava aqui quando entramos para falar com o doutor.

A secretária sorriu desconcertada:

— Desculpe, senhora, deve ter havido algum engano. Não havia nenhuma moça aqui. Inclusive, depois de vocês, não há nenhuma outra consulta agendada para o doutor.

Flávia insistiu, procurando manter a delicadeza:

— Escute, um pouco antes de entrarmos na sala do doutor, essa moça se aproximou de nós e falou algumas coisas interessantes. Mas não deu tempo de continuarmos a conversa porque fomos chamados para a consulta. Gostaríamos de tirar algumas dúvidas com ela.

Agora, a secretária demonstrava alguma impaciência:

— Senhora, desculpe-me, não quero ser impertinente, mas, enquanto estive aqui, nenhuma moça falou com vocês, simplesmente porque não havia nenhuma.

Benício também estava ficando impaciente:

— Moça, não somos loucos, nem estamos inventando nada. Havia uma moça aqui, e ela falou conosco.

A secretária perguntou o que considerou ser um xeque-mate na conversa:

— A moça trazia alguma criança com ela?

— Não, ela estava só.

— Pois então, senhor, isto aqui é uma clínica pediátrica. O doutor não atende a adultos. Portanto, com todo o respeito, como já disse, creio estar havendo algum engano.

Benício ficou olhando fixamente para a secretária, tentando encontrar uma explicação. O que estava acontecendo ali?

— Escute, ela poderia ser talvez uma propagandista, representante de algum laboratório farmacêutico?

A secretária foi categórica:

— Impossível. O doutor estabeleceu um dia da semana para atender os propagandistas. E esse dia não é hoje.

Durante todo esse tempo, o pequeno Alfredo permaneceu calado, sentado no sofá do consultório, com as mãozinhas entre os joelhos, parecendo muito cansado e sonolento.

Seus pais perceberam que não chegariam a nenhuma conclusão com aquela conversa com a secretária. Despediram-se e saíram. Alfredo ia dormindo nos braços do pai, vencido pelo cansaço.

Felizmente, o elevador chegou logo, e eles entraram.

Qualquer outra pessoa que também entrasse nele agora diria que ali se encontrava um casal com uma criança nos braços do pai, mas, na verdade, havia mais alguém, uma quarta pessoa, que se mantinha invisível, porque não queria ser vista. Era uma jovem bonita, de pele muito alva, com longos e lisos cabelos negros. A mesma jovem que, há pouco, estivera na sala de espera do consultório conversando com eles.

Mas agora ela não queria ser vista.

CAPÍTULO 4

Quando deixaram o consultório médico, Benício e Flávia só tinham um pensamento: onde encontrar um centro que fizesse tratamento espiritual para levar o filho.

A esta altura dos acontecimentos, depois que ouviram do pediatra uma confissão de impotência para a cura ou pelo menos tratamento de Alfredo, estavam decididos a tentar a sugestão da jovem desconhecida e misteriosa que lhes falara na sala de espera.

Eles nunca foram apegados a questões religiosas e justamente por isso não tinham preconceitos a esse respeito. Benício era um homem muito prático e trabalhador. Desde jovem, principalmente depois que casou com Flávia, toda sua vida foi dedicada a ganhar dinheiro honesto para o sustento da família.

Nem ele, nem a esposa tiveram tempo e condições para estudar além do ensino fundamental, mas liam bastante. Em termos de crenças, não frequentavam cultos, templos, nem igrejas e evitavam entrar em discussões cujo tema fosse religião.

Assim, num momento daqueles, não tinham conhecimento algum de onde poderiam encontrar um centro espírita. Tampouco, tinham amigos ou parentes — pelo menos que soubessem — que seguissem aquela doutrina para pedir orientação.

Escolher um local aleatoriamente seria uma temeridade. Tratando-se de um assunto tão delicado, como a saúde de uma criança, era preciso que o lugar fosse idôneo e confiável.

Em função disso, debatiam sobre a questão: onde poderiam encontrar um lugar de confiança?

A resposta veio "por acaso".

Na direção do seu carro, Benício estava tão nervoso e preocupado com a falta de perspectiva de um tratamento eficaz para seu filho, que se distraiu e errou o percurso de volta para casa. Ficou ligeiramente chateado, pois isso nunca lhe acontecera antes.

Procurando descobrir onde estavam, viu-se numa rua desconhecida e já se preparava para parar o carro e pedir orientação a alguém para retomar o caminho correto.

Foi quando sentiu a direção do carro ficar repentinamente dura e pesada e, como motorista experiente, logo desconfiou do que poderia ter acontecido: pneu furado.

Parou o veículo, desceu e foi confirmar o que acontecera: de fato, um dos pneus esvaziara de repente.

Felizmente, aquela era uma rua de pouco movimento de veículos e, assim, ele pôde encostar o carro próximo ao meio-fio sem que nenhum motorista o perturbasse com xingamentos. Flávia saltou e ficou na calçada, com o pequeno Alfredo nos braços.

Intrigado, Benício examinou atentamente o pneu murcho, tentando ver se havia algum prego ou pedra pontiaguda que fosse o responsável pelo fato. Aparentemente, não havia nada cortante ou perfurante no pneu. Sem encontrar explicação, enquanto Flávia aguardava pacientemente de pé na calçada, Benício começou a fazer a troca do pneu danificado pelo *step* que estava no porta-malas.

Irritado com a situação da saúde do filho e agora com esse imprevisto, ele praguejava em voz baixa.

Foi quando ouviu Flávia chamando-o em voz alta:

— Benício, olhe para trás.

Mesmo agachado, ele voltou-se, impaciente, para ver o que sua mulher indicava.

A surpresa foi tanta que ele precisou ficar de pé, ainda com as ferramentas na mão. Sua reação foi de surpresa.

Bem à sua frente, do outro lado da rua, havia uma casa branca com portas e janelas azuis, com uma discreta placa no espaço entre a porta de entrada e uma das janelas: Casa Espírita Seara do Amor. E em letras menores: "Tratamentos Espirituais".

Flávia veio até ele e abraçou-o. Ambos pensavam a mesma coisa: incrível, ali estava a resposta para a indagação que eles vinham se fazendo, desde que saíram do consultório do médico.

Ainda com as ferramentas nas mãos, Benício aproximou-se da placa e viu, de perto, um aviso informando que a casa funcionava à noite, a partir das dezoito horas. Olhou para a esposa e decidiram que entrariam em contato urgente. Afinal, mesmo que não conhecessem o local, seria muita coincidência o pneu ter esvaziado bem defronte àquela casa. E como eles acreditavam que nada acontecia por acaso, entenderam que aquilo fora um sinal, vindo não sabiam de onde, de que aquele era o lugar certo para trazer seu filho em busca de tratamento e cura.

***

Diante do grave quadro de saúde de Alfredo, seus pais não perderam tempo: logo no dia seguinte, Flávia fez contato com o centro e espírita, relatou o caso do seu filho, e recebeu a orientação de levá-lo no próximo sábado, que era o dia da semana reservado exclusivamente para o atendimento espiritual a crianças.

***

O ambiente da Casa Espírita Seara do Amor era bastante tranquilo e acolhedor, reforçado por uma suave música de fundo.

Quando Benício e Flávia chegaram, com Alfredo no colo, já havia uma considerável fila de pais com seus pequenos filhos na entrada do centro. Alguns deles gentilmente deram passagem ao casal, ao observarem o estado de fragilidade do garoto que a mãe carregava.

Na recepção, preencheram um rápido formulário com os dados de Alfredo e foram orientados a ocupar os lugares na sala seguinte, em formato de auditório, onde deveriam assistir a uma palestra, juntamente com outras pessoas que já se encontravam no local.

O pequeno Alfredo continuava muito sonolento, sentado no colo da mãe. Benício observava o ambiente, pois era a primeira vez que compareciam a um lugar como aquele.

As pessoas, a maioria delas com crianças no colo, pareciam tranquilas, até porque a música suave ajudava a criar um clima de relaxamento e paz. Todos os que pareciam trabalhar ali estavam vestidos de branco. Na parede, bem à frente deles, havia uma enorme e bela imagem de Jesus.

Decorridos alguns minutos, a palestra começou. Era ministrada por um simpático senhor sobre o tema fé nos dias de hoje. Depois, o casal participou de um rito que o orientador chamou passe coletivo, depois de uma comovente oração, em que era solicitada ajuda e proteção a todos os presentes.

Por fim, concluída a interessante palestra, Benício e Flávia, sempre com o filho nos braços, foram chamados e conduzidos por uma das assistentes voluntárias a uma sala que lembrava bastante uma enfermaria e tinha a iluminação toda de cor violeta.

Pediram ao casal que aguardasse nas cadeiras a um canto da sala. Uma moça vestida de branco aproximou-se de Flávia e perguntou qual o problema que afligia o garoto.

Flávia descreveu a situação em poucas palavras. Em seguida, a moça delicadamente pegou Alfredo nos braços e, andando devagar, colocou-o em uma cama hospitalar, no centro do quarto.

Duas outras jovens, também vestidas de branco, ficaram uma de cada lado do menino. Depois de alguns instantes, entrou uma terceira pessoa, um homem de meia-idade, trajando um jaleco.

O homem e as duas moças fizeram juntos algumas preces. Depois de observar atentamente o corpinho da criança, o homem passou a indicar alguns pontos e as moças colocavam as mãos sobre os locais indicados, mas sem tocar no corpo do garoto, e rezaram.

Por fim, o homem colocou uma das mãos na testa de Alfredo, fechou os olhos e fez nova prece em voz alta. Nesse momento, as luzes da sala diminuíram de intensidade e apenas uma, de cor laranja, vinda de cima, iluminou a cama.

Benício e Flávia não conseguiam ver de onde vinha aquela iluminação, pois não havia luzes no teto naquele ponto do quarto.

Instantes depois, surpresos, os pais viram Alfredo abrir os olhos, olhar à sua volta e sorrir. Foi maior a surpresa quando ele exclamou sorrindo, com voz perfeitamente clara:

— Oi, amiga, você está aqui também? Que legal! E esse pessoal todo, são seus amigos?

Os pais do garoto acharam curiosa aquela pergunta "E esse pessoal todo?", pois, em volta dele, naquele momento, só havia aquelas três pessoas que agora permaneciam de olhos fechados e orando em silêncio — e Alfredo não se dirigia a nenhuma delas. Parecia falar com alguém à sua frente, mas que só ele via.

Alfredo continuou falando para "alguém":

— Você é muito engraçada! — E soltou uma risada. Depois, calmamente, fechou os olhos e adormeceu serenamente.

As orações, agora com aposição de mãos, continuaram por mais algum tempo, até que a iluminação da sala voltou à cor violeta.

O homem de jaleco branco se aproximou dos pais de Alfredo e lhes disse num sotaque que parecia de um estrangeiro que ainda não falava bem o nosso idioma:

— A primeira parte do tratamento já foi feita. Neste momento, o garoto está dormindo e só acordará pela manhã, bem melhor do que quando chegou. Vocês deverão trazê-lo aqui novamente mais duas vezes para a complementação do tratamento e a cura completa. Fizeram muito bem de trazê-lo logo. Vão em paz, com a graça de Deus.

Benício perguntou em voz baixa e respeitosa:

— Amigo, tenho uma pergunta que gostaria de fazer.

— Pois pergunte, ora.

Benício estava constrangido de perguntar algo, mas achou que deveria fazê-lo. Aproximou-se mais do homem e perguntou baixinho, quase sussurrando:

— Muito obrigado pelo seu trabalho, meu amigo. Mas eu gostaria de saber quanto lhe devo.

O homem olhou surpreso para ele, sorriu, pôs uma das mãos sobre o ombro de Benício e respondeu calmamente:

— O senhor não nos deve nada. Nós não cobramos pelo uso dos dons que recebemos de graça de Deus. Por isso, como eu disse, o senhor não nos deve nada. — Fez uma reverência e se afastou, seguido pelas duas moças que o haviam ajudado.

Flávia foi até a cama e pegou o filho, com muito cuidado. Ele continuava dormindo tranquilamente.

***

Já na rua, Benício dirigiu o carro bem devagar para não despertar o filho, pois o asfalto mal conservado provocava alguns solavancos.

Ao chegarem em casa, deitaram Alfredo em sua cama e ficaram algum tempo sentados ao lado dele, até decidirem ir dormir.

Na cama, não conseguiam conciliar o sono, diante das emoções daquela noite.

Flávia queria saber a opinião do marido sobre tudo o que haviam presenciado:

— O que você achou, querido?

Benício pensou um pouco:

— Não sei ao certo, Flavinha. Foi tudo muito bonito, muito emocionante, mas só saberemos se funciona mesmo quando nosso filho apresentar alguma melhora. — Fez uma pausa antes de continuar. — Mas o que me impressiona é que até agora não sei de onde surgiu aquela luz que saiu do teto e iluminou nosso filho.

— Eu também não descobri, por mais que olhasse para o teto. Mas que foi uma cerimônia linda, lá isso foi. Eu estou muito esperançosa.

— Confesso que também estou. Aquela gente parecia experiente e bem-intencionada. Mas, na verdade, o melhor é aguardarmos até amanhã, para vermos como Fred vai acordar.

***

Na manhã seguinte, Benício e Flávia não viram o filho acordar, simplesmente porque foram acordados por ele, por meio de uma vozinha fraca, mas animada.

— Ei, pessoal! Vamos acordar? Já é tarde.

Flávia acordou primeiro e levou um susto enorme quando viu Alfredo de pé, ao lado da cama deles, sacudindo suavemente o braço do pai, que despertou em seguida.

Benício ergueu o corpo e olhou admirado para o filho:

— Fred, o que você está fazendo aqui, meu filho?

A vozinha continuava fraca, mas só o fato de ele estar de pé já era sinal de uma grande melhora:

— Vim chamar vocês porque estou morrendo de fome. Não vamos tomar café hoje?

Benício e Flávia se entreolharam surpresos, pois, nas últimas semanas, além de não conseguir andar direito, ele não vinha comendo praticamente nada, totalmente sem apetite.

Flávia conseguiu responder:

— Claro, filho, vamos, sim. Eu e seu pai perdemos a hora. Que bom que você nos acordou.

Na mesa do desjejum, o pequeno Alfredo não parava de falar e de sorrir, mesmo lentamente, enquanto tomava seu café com leite. Não se parecia nem um pouco com aquela criança que no dia anterior estava fraca e debilitada.

Ainda intrigado pela experiência no centro, Benício queria entender melhor algumas coisas ocorridas ali, na noite anterior:

— Filho, do que você se lembra de ontem à noite?

— Foi muito legal, pai. Lembro direitinho daquele pessoal todo que estava cuidando de mim.

— Como assim, "pessoal todo"? Só vimos três pessoas cuidando de você: um homem, que parecia o "médico", e duas moças, que pareciam "enfermeiras"— e mais ninguém.

O menino se surpreendeu:

— Só viram três pessoas? Então vocês não viram direito ou então cochilaram um pouco. Havia um monte de gente em volta da minha cama. Acho que quase dez.

Benício estava perplexo:

— Você está nos dizendo que havia quase dez pessoas em volta da cama onde você estava sendo tratado?

— Por aí. Ah, sabem quem estava lá?

Flávia ficou curiosa:

— Quem estava lá, filho?

— Aquela moça palhaça e violinista que veio aqui no meu quarto umas três noites antes de eu ir para o "hospital".

Flávia estava tão surpresa quanto o marido:

— A mesma moça? A que fazia você rir de madrugada?

— Ela mesma. Mas ontem ela brincou menos. Às vezes, até ficava séria. Acho que foi porque tinha um médico lá.

— E como foi o tratamento? O que eles fizeram em você?

— Ah, isso eu não sei. Depois que vi a moça vestida de palhaça, peguei logo no sono e só acordei aqui, na minha cama. Vocês não viram o que eles fizeram?

O pai estava sem graça:

— Bem, vimos praticamente o mesmo que você.

A mãe estava mais preocupada com a saúde do filho:

— E você está se sentindo melhor, filho?

— Bem melhor. Antes eu nem conseguia ficar de pé.

— Que bom, filho.

Flávia insistia, para sanar qualquer dúvida sobre a melhora do filho:

— Não está mais cansado, se sentindo fraco, nem com dores?

— Cansado, não, mas ainda sinto um pouquinho de dores.

O pai apressou-se a explicar:

— Isso é porque o tratamento ainda não está completo. Nós vamos ter que voltar naquela casa mais duas vezes e aí você ficará completamente curado, sem dor alguma. Tudo bem para você?

— Tudo bem. Gostei muito de lá.

***

No dia seguinte, quando seguia para o trabalho, Benício passou no centro espírita para se informar do que ele e sua mulher precisariam fazer para aprenderem sobre a doutrina e se tornarem frequentadores daquela casa. Ele e a esposa haviam ficado muito entusiasmados com o que viram e o que havia sido feito na noite anterior, e decidiram aprender mais a respeito. Prontamente, foram-lhe dadas todas as informações.

Ele aproveitou a ocasião e agendou o retorno de Alfredo para completar o tratamento espiritual.

Quando Benício chegou em casa, Flávia mostrou-lhe uma frase que encontrara em algum lugar e que considerara muito pertinente a tudo o que vivenciaram ultimamente: "A fé em Deus nos faz crer no incrível, ver o invisível e realizar o impossível".

O casal voltou mais duas vezes ao centro para concluir o tratamento espiritual de Fred. Na terceira vez, o médium convidou os três para seguirem até uma sala reservada, pois gostaria de apresentar-lhes alguém. Era um ritual que ele cumpria com satisfação com todas as pessoas que visitavam o local.

Flávia e Benício acompanharam-no, segurando o filho pela mão, pois melhorara tanto que já podia caminhar.

Ao entrarem na sala, viram uma garotinha, aparentando a mesma idade de Fred, sentadinha numa poltrona e folheando uma revista colorida em quadrinhos. Ela olhou para os visitantes e sorriu.

Isaías fez a apresentação:

— Amigos, este é meu tesouro, minha filha Josiane.

A garotinha levantou-se e veio cumprimentar o casal. Depois, aproximou-se de Fred e perguntou-lhe:

— Como você se chama?

— Eu sou Alfredo. E você?

— Eu me chamo Josiane.

Isaías falou com orgulho:

— Mais tarde, ela fará o curso de evangelização para crianças. No futuro, quem sabe, ela tocará esta casa. Às vezes, preciso trazê-la para cá e, como vocês puderam comprovar, ela me espera bem quietinha aqui nesta sala, até meus trabalhos serem concluídos.

Benício completou:

— Sem dúvida, ela estará com uma boa formação garantida.

Era visível o orgulho estampado no sorriso do pai.

CAPÍTULO 5

Anos depois...

Sob o sol quente daquela manhã de verão, dirigindo seu modesto carro, Fred aproximou-se do hospital onde funcionava um moderno centro de oncologia especializado no tratamento de crianças.

Seu coração batia mais forte sempre que chegava ali. Era uma gostosa sensação de que iria fazer algo de bom e ainda se divertir.

Dentro de poucos minutos, como fazia toda terça-feira, vestiria uma roupa de palhaço, faria a característica maquiagem no rosto, pegaria seu velho violino, que encontrara no sótão da casa onde morara quando criança, cumprimentaria os porteiros, recepcionistas e seguranças que já o conheciam, e seguiria pelos corredores da ala reservada às crianças, cantando e dançando ao som quase desafinado de seu violino.

Aos poucos, visitaria cada um dos quartos daquela ala das crianças doentes e conversaria com elas, sempre fazendo graça, cantarolando e contando piadas.

Como todas as vezes, desde que iniciara aquele trabalho, elas receberiam a engraçada visita com largos sorrisos e aplaudindo, da maneira que podiam. Aquelas que conseguiam caminhar vinham até ele logo à porta do quarto. As outras, ficavam de pé, sentavam ou ficavam de joelhos, nos berços e camas, sob os olhares atentos e divertidos das enfermeiras e de alguns parentes, em visita.

Tudo era muito bem combinado e planejado com a direção do hospital e com a equipe médica — os horários de começo, intervalo e fim da apresentação e a duração de cada visita — para que as crianças se mantivessem animadas e não se cansassem.

Aquele era sempre um momento de grande emoção para Fred. Ele não sabia dizer o porquê e quando começara a fazer isso, nem explicar por que continuava fazendo. O que lhe importava mesmo era perceber a alegria que proporcionava à garotada, olhar seus rostinhos sorridentes e corados de felicidade.

Ele tinha consciência de que poderia fazer mais que apenas algumas horas de sorrisos diante da triste, dolorosa e, às vezes, longa jornada terapêutica que as esperava — nem todas com final feliz.

Fred era um talentoso, bonito, bem-humorado e saudável jovem de 28 anos, formado em Artes Cênicas. De quinta-feira a domingo, à noite, apresentava-se em espetáculos teatrais. Às terças, passava praticamente o dia todo naquele hospital, de forma que só tinha as segundas e quartas para descansar, recuperar as energias e de vez em quando ensaiar suas apresentações no teatro. Como a peça já estava em cartaz havia muito tempo, não existia mais a necessidade de ensaios semanais, como nos primeiros meses de apresentação.

Certamente o que ganhava com o teatro não era suficiente para que tivesse um padrão de vida muito confortável. Felizmente, ganhara de seu pai um pequeno apartamento no centro da cidade, e isso já o poupava do aluguel. Além disso, recebia uma pequena mesada, que sua mãe preferia chamar ajuda de custo. Mas não se queixava de nada. Sendo uma pessoa simples e de hábitos também simples, o pouco que tinha era-lhe suficiente.

Chamava-se Alfredo Gusmão, mas desde que começara a atuar profissionalmente no teatro, adotou o Fred da sua infância, por lhe parecer mais artístico e mais curto para ser memorizado pelo público.

Segundo a crítica especializada, Fred era um ator muito talentoso. Aliás, ele só conseguira permissão para fazer a apresentação para as crianças do hospital — um dos maiores e mais bem equipados de São Paulo — graças ao seu prestígio com o público e à sua reconhecida postura ética, solidária e profissional.

No início, houve certa resistência por parte dos médicos, que duvidavam da eficácia e do sucesso do projeto. Por via das dúvidas, ficou combinado que seriam feitas apresentações experimentais durante um mês. Se as crianças gostassem, voltariam a conversar.

Diante do enorme sucesso obtido com as crianças, os familiares e os próprios funcionários do hospital, incluindo os médicos, a autorização foi formalmente concedida ao final da terceira semana.

As crianças queriam que fossem mais dias de visitas daquele moço animado e carinhoso, queriam o palhaço violinista mais vezes nos quartos e corredores. Com jeitinho, as enfermeiras explicaram aos pequenos porque isso não seria possível.

Eles entenderam, mas era com uma enorme ansiedade que esperavam a terça-feira para receber a visita do palhaço violinista, a quem já consideravam como um amigo.

Fred tinha consciência de que esse trabalho agradava muito à sua alma, mas não às suas pretensões artísticas. Para um futuro breve, ele visava não só o teatro, mas também o cinema e a televisão. E também sonhava em ter sua própria companhia de teatro, inclusive para oferecer espetáculos beneficentes gratuitos para crianças e comunidades carentes. Esse era um grande sonho seu.

Ele gostava bastante de atuar nos palcos. Sentia-se seguro e confortável representando. Era muito gratificante para ele perceber como o enredo da peça e as interpretações dos atores mexiam fortemente com as emoções da plateia. E quando, no final, vinham os aplausos com todo o público de pé, era um enorme sentimento de realização, de absoluta certeza de que, com seus colegas, passara uma mensagem e que ela fora entendida e aceita pelos presentes.

Na verdade, era um sentimento de conexão entre atores e plateia e isso, para ele, parecia grandioso, até mesmo transcendental.

Estacionou seu carro no espaço reservado para isso e foi se trocar na guarita da Segurança. Era ali que funcionava seu "camarim", por opção própria. O diretor do hospital ofereceu uma sala para que Fred preparasse ali sua caracterização, mas ele preferia se arrumar na guarita, porque já apareceria para todos devidamente "palhaço". Na sua percepção, dessa maneira, o impacto era maior. Ali, fora montado um quase camarim, inclusive com espelho e iluminação adequada, devido à boa vontade que os funcionários tinham para com ele.

Até chegar à ala reservada para as crianças, Fred cumprimentava e era cumprimentado alegremente por todos: enfermeiras, médicos, visitantes, pessoal da manutenção, pacientes e seus familiares. Mágicos momentos de sorrisos e descontração geral ocorriam nesse trajeto, num lugar habitualmente acostumado a presenciar lágrimas e tristeza, na maioria das vezes.

De hábito, antes de iniciar suas apresentações, ligava para Vânia, sua namorada, médica pediatra, que trabalhava em outro hospital.

Ele a conhecera cerca de três anos antes, durante um congresso de medicina oncológica. Ela fizera uma palestra sobre a situação atual dos tratamentos e ele, acompanhado pelo seu grupo de artistas, fizera uma apresentação para demonstrar aos médicos o trabalho que se propunha a fazer nos hospitais que tratavam de crianças.

Naquela ocasião, foram muito aplaudidos. Vânia se interessou por conhecê-lo e foi procurá-lo nos bastidores, após a apresentação. Ela elogiou muito o trabalho do grupo e mostrou interesse em acompanhar a trajetória deles, para saber a real eficácia.

A partir daí, passaram a se ver sempre, com uma frequência cada vez maior, mas sempre como amigos.

Por alguma razão, ainda não compreendida por Fred, ele tinha medo — essa era a palavra certa — de ter um relacionamento sério. Várias vezes se perguntara sobre a origem dessa insegurança. Um amargo sentimento interior lhe alertava para o perigo da perda. Uma voz parecia lhe dizer: "Se você se apega, se apaixona, corre o risco de sofrer se for abandonado ou se, por outra razão, perder seu amor".

Esse sentimento deixava-o apavorado, em pânico. E não era apenas isso que o assombrava: era também o fato de ela ser uma médica competente e muito respeitada, e de ele ser apenas um ator. Algo lhe dizia que, por aquela razão, nenhum relacionamento mais sério entre eles — nem com qualquer outra mulher — poderia evoluir. Quando ele perdesse o medo de se envolver com alguém, deveria fazê-lo com uma mulher do seu nível social — era o que Fred pensava.

Assim, por mais que apreciasse a companhia de Vânia, principalmente por causa da sua grande inteligência e profissionalismo, evitou o quanto pôde que a conversa entre eles caminhasse para qualquer clima que se parecesse a uma "oficialização" de namoro. Definitivamente, ele não se sentia preparado para assumir situações de risco.

Vânia, por sua vez, dava mostras explícitas de que o admirava muito. Diferente dele, ela parecia bem mais disposta a enfrentar o desafio de um novo relacionamento — que poderia ou não evoluir. Para ela, as duas possibilidades faziam parte da dinâmica do amor e nenhuma delas se constituiria numa grande surpresa. Sabia, de antemão, que compraria uma briga feroz com seus pais, que almejavam para a filha um casamento com um colega de profissão. Com um ator? Nem pensar.

Mas a constância com que passaram a se encontrar foi minando os temores de Fred e, assim, foi inevitável que assumissem o namoro, mesmo que ele não acreditasse na sua continuidade por muito tempo. Segundo pensava, logo ela perceberia a diferença entre ambos — e ele não tirava a razão dela — e tudo acabaria, para seu pânico de enfrentar uma perda daquela natureza, um golpe mortal para sua baixa autoestima.

Enfim, mesmo relutante, decidiu pagar para ver.

Durante os três anos seguintes, Fred desenvolveu profunda admiração pelo trabalho científico de Vânia, voltado para as crianças. E, gradualmente, sem que ele se desse conta, essa admiração evoluiu para um imenso amor, uma avassaladora paixão, com características quase de dependência. E não era apenas por causa da beleza dela, nem de sua incrível inteligência, mas talvez de sua postura séria, formal, contida — bem ao contrário da dele. Mas esse contraste, agora ele preferia entender como uma complementação e não mais como um antagonismo. Afinal, não dizem que os opostos se atraem?

A verdade era que ele se sentia bem ao lado dela, gostava de ouvi-la falar do seu trabalho e dos resultados obtidos. Ela admitia que tinha planos ambiciosos de vida, e ele sempre achava que estaria incluído nesses planos. Embriagado de paixão, ele não percebia que os planos de sua namorada estavam todos associados à profissão e por isso, provavelmente, seria difícil que ele fizesse parte deles.

Diferente de Fred, Vânia não era dada a arroubos românticos e isso fazia com que ele, às vezes, tivesse a sensação de que a amava mais do que ela a ele. Afinal, ele era apenas um ator, enquanto ela se mostrava cada vez mais uma eminente médica. Quando ele tocava nesse assunto, ela educadamente recusava a ideia. Dizia amá-lo também e que as diferentes profissões tinham cada uma seu valor. Podia até ser verdade, mas ele, intimamente, não se convencia disso.

Em resumo, Fred achava que era ele quem precisava dela e não o contrário. E desse pensamento alimentava-se dentro dele uma grande insegurança e um medo atávico de perder a namorada.

— Oi, bem! Está ocupada?

A voz de Vânia era sempre gentil, mas não apaixonada, não vibrante, segundo parecia a ele:

— Como sempre, querido, mas para você sempre tenho tempo, você sabe disso.

Todas as vezes que ligava para ela, Fred esperava uma reação eufórica, entusiasmada do tipo: "Oooooi, amor! Que bom que você ligou! Estava morrendo de saudades de você!". — Mas, por mais que torcesse, isso nunca acontecia, para imensa frustração dele.

— Já estou aqui no hospital das crianças, pronto para começar outro *show*. Elas já estão ansiosas.

O que ela disse depois foi um grande elogio, mas falava de maneira tão formal, tão sem calor humano, que ele não sentia como elogio e sim um simples registro do fato:

— Acho tão legal isso que você faz, querido, tão bonito. Deve fazer um bem enorme às crianças terem esses momentos de descontração que você proporciona a elas.

— É o mínimo que alguém poderia fazer para trazer um pouco de alegria para elas, não é?

— Claro, mas pouca gente pensa nisso. E se pensa, nada faz. Você consegue sair da teoria e partir para a prática.

— Bom, procuro fazer a minha parte.

— E a faz muito bem.

Ela amaciou a voz:

— Vamos nos ver hoje à noite? — A pergunta da namorada o surpreendeu, pois não era comum nela esse tipo de proposta romântica. Provavelmente o dia dela estava sendo maravilhoso, deixando-a com alto-astral. E completou. — Que tal um jantar à luz de velas?

Ele vibrou como uma criança que recebeu inesperadamente um presente há muito desejado:

— Uau! Gostei da ideia! Fechado. Te pego às oito.

— Combinado. Um beijo. E sucesso aí, hein?

— Valeu, querida. Te amo.

"Tudo está bem entre mim e Vânia. Por que fico pondo minhocas na minha cabeça? Deve ser mania de ator, fazer de tudo um drama..." — Foi o que Fred concluiu, depois do diálogo tão carinhoso.

Olhou para o relógio e viu que já estava na hora de começar a sua apresentação. Pegou seu violino velho, conferiu mais uma vez o traje, a maquiagem, o grande nariz de bola vermelha e saiu da guarita rumo ao corredor de acesso à ala das crianças.

— Aê, tio Fred!

Duas ou três crianças em cadeira de rodas acenaram para ele. Foi até elas e fez algumas brincadeiras que elas adoraram.

Depois passou pela recepção, cumprimentou os funcionários e pegou o elevador para o terceiro andar.

Dali para frente, tudo era festa.

As crianças que podiam andar vinham esperá-lo à porta do quarto. Ele entrava, fazendo graça e tocando seu violino meio desafinado, cantando alguma música de letra engraçada. Os familiares, que por acaso estavam em visita ao pequeno doente, emocionavam-se com aquele desempenho de Fred.

De vez em quando, alguns médicos apareciam na porta do quarto, apreciavam um pouco aquela quase algazarra, balançavam a cabeça sorrindo e seguiam seu caminho pelo corredor.

Em quase todos os quartos que Fred visitava eram frequentem as cenas de emoção quando, por exemplo, alguns dos garotos faziam questão de tocar em Fred e principalmente acariciar seu rosto. Ele se esforçava para não deixar que as crianças percebessem as lágrimas nos seus olhos. Era um sujeito muito sensível e emotivo, e facilmente ia às lágrimas.

Foi assim, durante todo o dia, só ocorrendo pausas para as refeições e a tomada dos medicamentos.

Quando, sob protestos da meninada, Fred deixou o hospital, por volta das dezesseis horas, estava bastante exausto, mas feliz. Seu coração dançava de alegria pela sensação do dever cumprido, ao ver todas aquelas crianças sorrindo, apesar do terrível drama que viviam.

Sendo muito pouco familiarizado com assuntos espirituais, Fred não sabia ainda que aquilo que ele fazia não era apenas por uma questão de dever de cidadão ou por ter um grande coração, mas era parte de uma nobre missão.

E, por enquanto, ele estava longe de saber disso.

Depois que delicadamente se desvencilhou dos muitos cumprimentos que sempre recebia na saída, Fred tirou a maquiagem, trocou de roupa, guardou seu equipamento na maleta de sempre — que ia cuidadosamente no porta-malas — e rumou direto para seu apartamento.

Agora precisava focar sua atenção no seu jantar com Vânia e para isso tinha que descansar um pouco.

CAPÍTULO 6

Fred sempre tinha certa cautela quando escolhia o lugar para jantar com a namorada. Sabia que ela gostava de ambientes sofisticados e luxuosos, mas esses geralmente eram muito caros.

Por outro lado, sabia que Vânia não se sentia confortável se o restaurante fosse muito informal e simples. Portanto, tinha sempre que procurar algum lugar que fosse meio-termo. Assim, atendia ao gosto dela e às condições do seu bolso.

Sabendo da situação financeira dele, todas as vezes que saiam, ela fazia questão de pagar a conta, mas ele não permitia. Até poderia ser uma atitude machista, mas, nesse caso, era ele quem não se sentia confortável. Já tinha uma profissão que remunerava bem menos que a dela e que ele ainda considerava de *status* inferior. Então seria a suprema humilhação deixá-la pagar a conta. Ele acreditava que precisava demonstrar que tinha condições de assumir esses compromissos.

De resto, o cartão de crédito sempre resolvia o problema.

Vânia estava deslumbrante, sentada do outro lado da mesa, à sua frente. Fred achava-a linda e reconhecia que ela tinha muito bom gosto para se vestir. Já ele, ao contrário, fazia aquele gênero meio desleixado com a indumentária e com o visual. Era mais uma das diferenças entre ambos:

enquanto ele preferia o informal, o descontraído, sua namorada curtia mais a sofisticação, a elegância. No consultório, Vânia vestia-se como todos os demais médicos, com o habitual jaleco branco. Mas fora dele, sempre estava de acordo com as mais novas tendências da moda feminina.

De vez em quando, conversavam sobre suas diferenças de estilo, mas de forma leve e bem-humorada, nunca ao nível de discussão. Com ela, ele fazia questão de ser paciente e cativante:

— Você está linda, querida. Se eu não a namorasse, daria em cima, sem perda de tempo.

Vaidosa, ela adorava esse tipo de elogio:

— Só pela minha beleza?

— Você sabe que não. É pelo conjunto da obra. Não gosto de mulheres vazias, ainda que belíssimas. No seu caso, Deus cometeu um exagero: deu-lhe beleza, inteligência e competência.

Ela se fingiu de modesta:

— Pois eu, às vezes, acredito que Deus cometeu com você uma única coisa: exagero! Entendo que, por ser meu namorado, você seja benevolente comigo, mas acho que você exagera.

Ambos riram, tocando as taças de vinho.

Conversavam enquanto comiam. Ele fez uma pergunta típica da sua insegurança e baixa autoestima:

— Seja sincera, querida: o que você viu em mim de tão interessante para aceitar me namorar?

Ela parou de mastigar durante um momento, pensou, olhou fixamente para ele e respondeu com calma:

— Acho que inicialmente sua sensibilidade. Percebi isso quando assisti à sua apresentação no congresso de medicina oncológica, cerca de três anos antes, lembra-se disso?

— Claro, e depois você foi me cumprimentar no camarim. Lembro-me de tudo que diz respeito a nós dois.

— Seu discurso apresentando e justificando o projeto nos hospitais foi uma das coisas mais emocionantes que já vi.

— Caramba, pois acredite que eu não fazia a menor ideia desse impacto que causei em você.

— Não só em mim, mas em toda a plateia, conforme os aplausos demonstraram. Foi lindo. O trabalho que você faz atualmente com as crianças hospitalizadas é maravilhoso. E depois que nos conhecemos, percebi a imensidão do seu coração. Descobri que você é um homem sensível, generoso, solidário e emotivo. E muito gentil e carinhoso com as mulheres. Então, para mim foi fácil passar a gostar de você.

Qualquer homem ficaria muito feliz com todos aqueles elogios. Mas a insegurança e carência de Fred eram incontroláveis. Apesar de todas as belas palavras que ouviu, queria mais:

— Muito legal tudo isso que você falou, mas em nenhum momento disse que também ficou impressionada com minha beleza.

Ela não gostava nem um pouco da insegurança dele, mas decidiu recompensá-lo:

— Querido, você acha mesmo necessário que eu diga aquilo que é o óbvio ululante? Você é lindo, garoto! Ou você tem outra explicação para me dizer por que será que há tantas mulheres atrás de você?

Ele devolveu o galanteio:

— Eu devo ter alguma deficiência visual, pois não vejo nenhuma delas, só consigo enxergar você.

Ela sorriu, envaidecida:

— Certo, faz de conta que eu acredito. — Fez uma pausa, comeu mais um pouco, depositou os talheres sobre a mesa, entrecruzou as mãos sob o queixo e perguntou com um sorriso:

— E eu?

Ele não entendeu imediatamente a pergunta dela:

— O que tem você?

— O que você viu em mim de tão interessante?

Ele também colocou os talheres sobre a mesa, recostou-se mais na cadeira, olhou para o teto do restaurante como que buscando inspiração e voltou a olhar para a namorada:

— Vi em você o princípio ativo da beleza. Ou seja, a essência do que há de mais puro, sensível e encantador numa mulher. Antes de você, eu era um homem literalmente vazio, sem nada por dentro. Você me preencheu, me deu vida, fez meu sangue correr nas veias e senti pela primeira vez meu coração pulsar. Só então eu percebi que estava vivo. Foi isso que vi em você: a pessoa que personifica a razão da minha vida.

Ela estava com os olhos úmidos pela emoção diante de palavras tão bonitas e sinceras.

Após algum tempo, depois que se recuperou, Vânia disse num tom de voz baixo:

— Vou lhe confessar uma coisa: você me emociona e ao mesmo tempo me assusta.

Ele se surpreendeu:

— Querida, por que eu haveria de assustá-la se a amo tanto?

— Mas é justamente por isso, querido. Não sou a poderosa mulher-maravilha. Também tenho fraquezas, imperfeições e defeitos. Não sei se estou à altura desse amor todo que você diz sentir por mim. É muita responsabilidade para qualquer mulher.

— Claro que está, por isso estamos juntos há tanto tempo. Mesmo eu sendo um simples ator e você uma eminente médica.

Vânia não gostava de falar sobre essa diferença entre eles, motivo pelo qual seus pais eram contra aquele namoro. Por isso, resolveu desviar do assunto:

— Lá vem você novamente com esta conversa sem sentido, essa história de "sou um simples ator". Você sabe que não gosto de que você se refira dessa maneira à sua profissão.

— Desculpe, falei sem pensar.

— Mas, a propósito, já que você falou em ator, como está indo a peça, já há tanto tempo em cartaz?

Ele se animou diante do interesse dela:

— Um sucesso! Casa cheia em todas as apresentações. Não esperávamos uma resposta tão positiva do público e da crítica.

— Graças ao seu talento, naturalmente.

— Deixe-me corrigi-la: graças ao talento de todo o elenco. Conseguimos reunir uma turma muito legal, que gosta do que faz e faz muito bem. E olhe que interpretar peças de Shakespeare é sempre um desafio para qualquer artista.

— Que ótimo! Fico feliz com esse sucesso. E lá no hospital com as crianças, como vão as coisas?

— Continua o maior barato! Não sei quem se diverte mais: eu ou as crianças. Elas me adoram e quase nunca me deixam sair de lá na hora certa. E graças a Deus a direção do hospital e seus colegas médicos me dão inteiro apoio e todos os recursos de que necessito.

— Eles têm mais é que apoiar. Seu trabalho faz um bem enorme para o emocional das crianças e, por tabela, ao físico também.

Ele sentia necessidade de devolver o elogio:

— Seu trabalho com elas também é muito bonito, exige muita dedicação e muito conhecimento.

— É, mas também tem uma parte mais dolorida, como no seu caso. Acontece que, quando os pais delas me procuram, geralmente o problema já está muito avançado. São poucos os pais atentos que têm a oportunidade de iniciar um tratamento precoce com os filhos.

— Infelizmente, isso é verdade. Não sou psicólogo, mas acho que isso acontece porque, mesmo desconfiando, eles não querem acreditar que o filho esteja com aquela doença.

Vânia pareceu triste:

— Você pode estar certo. Mas, de certa forma, sou a antessala do seu hospital.

Os dois ficaram algum tempo pensativos, sensibilizados com a situação das crianças com as quais conviviam durante o trabalho.

Vânia tratou de desfazer aquele momento de tristeza:

— Ei, estamos só conversando e nos esquecendo de saborear a sobremesa daqui, que parece muito variada e deliciosa.

— Verdade, vamos a ela. — E ele fez uma insinuação maliciosa. — Até porque depois dessa sobremesa daqui, teremos a nossa própria "sobremesa", também variada e deliciosa.

O sorriso dela não pareceu muito animador, mas pelo menos não discordou. Afinal, o sexo entre eles era sempre muito bom. Na cama, Vânia abandonava aquela elegância e comedimento, e entregava-se ao desejo. Fred sempre achava que era ali e naqueles momentos de amor que Vânia parecia ser ela mesma.

Depois da sobremesa, Vânia pediu licença para ir ao toalete para retocar a maquiagem.

Fred ficou na mesa pensando na conversa inicial que tivera com ela. Ele não entendia o porquê, às vezes, ela lhe parecia tão fria, sem mostrar empolgação afetiva que demonstrasse o amor que dizia sentir por ele — o que lhe dava um enorme medo de perdê-la.

Seria carência dele? Ou seria apenas porque as médicas são frias assim mesmo?

— Não, meu caro, nem todas as médicas são assim.

Fred assustou-se com aquela voz inesperada bem próxima de si e percebeu que viera de uma linda jovem bem à sua frente, de pé por trás da cadeira onde Vânia estivera sentada há pouco. Sorrindo, ela apoiava as mãos no recosto da cadeira. Era muito branca, de longos e lisos cabelos negros, lábios finos e vermelhos, profundos olhos azuis e vestia-se toda de azul-claro.

Fred olhou para ela, curioso e surpreso:

— Desculpe, falou comigo?

Ela manteve o olhar nele:

— Falei. Eu disse que nem todas as médicas são como você estava supondo. É um pensamento equivocado. As médicas não passam de pessoas normais, mas todas as pessoas são diferentes entre si.

Fred ficou confuso:

— Mas eu não disse nada!

A jovem continuava firme, embora sempre ostentando um simpático sorriso:

— Não disse, mas pensou alto e eu ouvi. E posso assegurar-lhe que, no caso de sua namorada, estamos falando de um caso isolado, individual e não coletivo. O que você pensou chama-se generalização.

De tão surpreso com aquela presença, Fred nem se preocupou em perguntar à moça se ela tinha o poder de ler pensamentos:

— Desculpe de novo, mas nós nos conhecemos?

— Eu o conheço há muito tempo. Você não é aquele moço que vai ao hospital oncológico e, vestido de palhaço, tocando violino, cantarolando e dançando leva diversão para as crianças toda terça-feira, durante quase o dia inteiro?

— Sim, sou eu mesmo. Quando você me viu lá?

— Todas as vezes em que você se apresentou, do começo ao fim. Na verdade, eu estou sempre lá. Pelo menos, desde que você apareceu.

— Mas eu nunca a vi.

— Por uma razão muito simples: eu não devo aparecer. O astro lá, naqueles momentos, é você.

— Você é médica, assistente social, coisa assim?

Ela sorriu, divertida:

— Coisa assim.

Fred riu também da espirituosidade dela:

— Gosto do seu senso de humor.

— Obrigada, mas você gosta porque é parecido com o seu.

— Isso é ótimo, temos algo em comum! E por que resolveu vir falar comigo?

— Porque senti que você precisava falar com alguém.

Fred sorriu, incrédulo:

— Você sentiu isso? Que dom é esse?

— Todas as pessoas têm dons especiais, mas nem todas percebem isso e, assim, não os usam. Eu faço questão de usar os meus.

— Então precisamos nos conhecer melhor, conversar mais sobre isso. Quero descobrir quais são meus dons. Na próxima semana, se você estiver de acordo, me procure no hospital. Quero ouvir sua opinião e pedir sugestões. Estamos combinados?

— Falando sozinho, querido?

Não houve tempo para a moça responder. Vânia voltara do toalete e se preparava para se sentar. Além do mais, a moça sumira.

Fred se sentiu flagrado:

— Eu? Falando sozinho?

— Sim. Quando voltei, você falava como se estivesse conversando com alguém à sua frente.

Ele pensou rápido para encontrar uma saída:

— Mas eu estava mesmo! — E olhou para trás de Vânia e para os lados. Não havia o menor sinal da moça.

Vânia sentou-se, curiosa:

— Com quem? Alguma amiga ou colega do teatro?

Fred disfarçou a mentira com um sorriso:

— Falava com um personagem da peça. Estava ensaiando minhas falas, enquanto você não voltava.

— Ai, que alívio! Pensei que estivesse falando com um espírito.

— Falando com um espírito? Impossível, não conheço nenhum.

Fred jamais poderia imaginar que acabara de conhecer o primeiro da sua vida.

E que voltariam a se ver bem antes do que ele pensava.

Do restaurante foram a um motel.

Vânia não gostava de ir para o apartamento de Fred quando pretendiam passar algumas horas íntimas. Ela não o achava confortável, nem com boa apresentação, além de considerá-lo desorganizado. Não ocorria a ela que se tratava do apartamento de um solteiro.

Em compensação, Fred sentia-se constrangido de ir ao apartamento dela nessas ocasiões. Era inevitável que ele fizesse uma comparação entre aquelas instalações elegantes e bem decoradas com o seu simples e quase humilde recanto.

Assim, o motel, desde que bem escolhido, era uma alternativa que resolvia os impasses de ambos os lados.

Aquelas horas de intimidade eram sempre boas para eles. Talvez o sexo fosse o único ponto em que se entendiam e se satisfaziam.

Mas, para Fred, isso era pouco para caracterizar uma relação de um grande e verdadeiro amor, como ele gostaria que fosse.

O curioso foi que, durante toda a noite, não lhe saiu da cabeça a imagem daquela linda e alegre jovem que o abordara no restaurante.

CAPÍTULO 7

Na tarde do dia seguinte, Fred apresentou-se bastante animado no teatro onde ensaiavam. A noite de amor da véspera levantara seu ânimo. Os colegas de elenco já haviam chegado e logo puderam começar o trabalho de repassar as cenas e os textos.

Como já fazia algum tempo que não ensaiavam, o diretor da peça decidiu que seria bom fazê-lo para refrescar a memória de todos, pois os textos eram sempre difíceis. A peça era *Sonho de uma noite de verão*, de William Shakespeare.

Tratava-se de uma inteligente comédia escrita na década de 1590 que, devido ao seu sucesso desde o lançamento, foi depois transposta para a música e para o cinema. A obra, apesar de antiga, continha mensagens perfeitamente atuais e, até hoje, é passagem obrigatória para todo artista que pretenda fazer carreira no teatro.

O ensaio transcorria dentro do esperado, principalmente porque o experiente elenco gostava da peça e estava empenhado em manter o sucesso que vinha obtendo com o público.

Mas para Fred algo de inusitado aconteceu, justamente quando ele declamava o trecho:

Há quem diga que todas as noites são de sonhos. Mas há também quem garanta que nem todas, só as de verão. No fundo, isso não tem muita importância. O que interessa mesmo não é a noite em si, são os sonhos. Sonhos que o homem sonha sempre, em todos os lugares, em todas as épocas do ano, dormindo ou acordado.

Durante os ensaios, normalmente a plateia ficava vazia. Isso porque não é permitida a presença de pessoas não ligadas diretamente ao espetáculo, porque o ensaio é um momento de ajustes e correções, e não é interessante que o público tome conhecimento deles.

Mas ao declamar aquele texto do seu personagem, Fred percebeu que, excepcionalmente, havia uma moça sentada numa das primeiras filas, bem no centro da plateia. E, salvo algum engano, era a mesma jovem que falara com ele no restaurante e que Vânia, com ironia, chamara de "espírito".

Diante da surpresa daquela visão, durante alguns segundos, Fred interrompeu sua fala e ficou olhando-a, surpreso. Os colegas com quem contracenava pensaram que se tratava de um engasgo ou apenas esquecimento de uma palavra ou frase. Mas Fred logo se recobrou, deu continuidade ao trabalho e ninguém comentou nada a respeito, até por se tratar de um ensaio e de ser relativamente comum um ator ter um lapso de memória.

Tão logo aquela cena encerrou, Fred correu para os bastidores e saiu rapidamente pela porta que dava acesso à plateia, em busca da jovem que vira sentada.

Mas, decepcionado, constatou que não havia ninguém ali. Ele olhou para todos os lados, só para confirmar que a moça sumira. Teria ele se enganado? Havia mesmo alguém sentado ali na plateia ou fora sua imaginação que lhe pregara uma peça? Devia ter sido isso, pois ninguém de fora tinha acesso aos ensaios.

Por via das dúvidas, foi até a entrada do teatro e procurou pelo porteiro:

— Oi, Ananias, tudo bem?

— Tudo bem, Fred.

— Tivemos alguma convidada hoje? Mais especificamente uma jovem de longos cabelos pretos?

— Não, senhor. O senhor sabe que a produção não permite a presença de pessoas de fora durante os ensaios.

— É, eu sei. Isso realmente não é permitido. Mas me pareceu ter visto uma moça sentada na plateia.

Ananias brincou:

— Vai ver o senhor viu algum espírito. Eles gostam de teatro. Dizem que o Teatro Municipal é cheinho deles.

"Epa! Espírito? Era a segunda vez, em apenas dois dias, que alguém usava essa expressão para explicar minhas visões!", foi o que Fred pensou de imediato, muito intrigado.

Foi a vez de Fred brincar:

— Será que você não cochilou e não viu a penetra entrar?

Ananias se fingiu de bravo:

— Qual é, está de brincadeira comigo, Fred? Eu lá sou homem de dormir em serviço, amigo!

***

A bela e talentosa Josiane era uma das colegas de elenco e grande amiga de Fred.

Não era segredo para nenhum deles que Josiane praticava a doutrina espírita, da qual Fred já ouvira seus pais falarem a respeito, mas que desconhecia completamente seus princípios. Na verdade, Josiane era uma das coordenadoras do grupo espírita fundado pelo seu pai, Isaías.

Fred sabia que seus pais também eram espíritas, mas esse tema nunca fora motivo de conversa em casa, com ele. Mesmo quando adolescente, não se sentia atraído por esse assunto e se afastava sempre que ele era discutido. Aliás, não se interessava por nenhuma religião.

Ele aproveitou um momento de intervalo e aproximou-se da colega, que estava na copa do teatro, tomando um cafezinho. Ele também serviu-se de um, enquanto se aproximava de Josiane:

— Escuta, Josi, posso lhe fazer uma pergunta de leigo?

— Lógico. Quer saber meu estado civil? — Josiane não escondia sua admiração e afeto pelo amigo e não perdia a oportunidade de fazer-lhe insinuações. Tinha esperanças de que um dia daria certo.

— Pare com isso, Josi, o assunto é sério.

— Desculpe, cara, foi só uma brincadeira. Pergunte.

Fred olhou para os lados antes de perguntar:

— A gente pode ver espíritos andando por aí?

Josiane soltou uma gostosa gargalhada:

— Mas que pergunta bizarra, amigo! Desculpe minha gargalhada, mas me pegou de surpresa. Você anda vendo espíritos?

— Sei lá, nem acredito nisso. Mas já duas vezes que vejo uma pessoa que ninguém mais vê e quando pergunto a respeito, me respondem: vai ver que você viu um espírito. Já ouvi isso duas vezes em dois dias! Será que ando vendo coisas? Agora quero tirar essa dúvida e pensei logo em você, que imagino que entenda bastante do assunto.

Ela respondeu séria:

— Olha aqui, moço. Há um monte de espíritos andando por aí. Não deveriam, porque eles têm coisas mais importantes para fazer no outro plano do que ficar por aqui, assustando o pessoal. Agora, não é todo mundo que tem a capacidade de vê-los. Só aqueles que nós chamamos de médiuns videntes, pessoas que possuem uma percepção especial. Mas isso não acontece todo dia e toda hora. Não é algo frequente e só ocorre em casos muito especiais e com muitos bons motivos.

Fred reagiu meio brincando meio sério:

— Eita, será que sou um médium vidente e não sei?

— Saiba que todos nós somos médiuns, em maior ou menor grau. A questão é que a maioria das pessoas não se liga nisso e não procura se desenvolver. Então, quando têm essas visões, não entendem nada. A maioria fica até com medo.

Fred ficou olhando Josiane por um momento, como se estivesse refletindo sobre a resposta dela. Depois, levantou-se, não muito satisfeito com as explicações da colega:

— OK, amiga, valeu.

— Ajudei?

Ele foi sincero:

— Mais ou menos. A dúvida continua: o que vi foi ou não foi um espírito ou foi só piração minha?

Nesse momento, o diretor da peça chamou os artistas para voltarem ao ensaio e o diálogo foi interrompido; os dois se afastaram.

Foi difícil para Josiane concentrar-se no ensaio. Aquela conversa com Fred deixou-a intrigada.

Ela gostava muito dele e não apenas como amigo. Queria-o como namorado, mas justamente por serem muito amigos nunca surgiu, pelo menos da parte dele, alguma atração que motivasse a aproximação afetiva dos dois. Assim, as atitudes dela com Fred eram sempre ambíguas.

Brincavam muito, riam muito, assim como tinham momentos de conversa séria. Ela o achava um tanto ingênuo, confiando e acreditando demais nas pessoas, mas certamente isso era devido ao seu bom coração. Todos do elenco gostavam de Fred. De forma unânime, ele era tido como um cara leal e legal, em quem se podia confiar.

Ela concordava com todos aqueles adjetivos, mas Josiane achava-o também um gato, um homem para mulher nenhuma jogar fora.

CAPÍTULO 8

Depois que o ensaio terminou, já no início da noite, Fred caminhava pela rua em direção ao local onde estacionara seu carro.

— Ei, Fred!

Ele se voltou e viu Josiane vindo apressada em sua direção. Ele parou e esperou a jovem:

— Oi, amiga, quer carona?

— Não é isso. Fiquei encucada com aquelas suas perguntas no intervalo e queria que você falasse mais a respeito. Acho que não fui muito esclarecedora. Talvez não tenha levado sua dúvida muito a sério.

— Ora, não esquente com isso, amiga.

— Acontece que, como você deve saber, esse assunto de mediunidade me interessa muito. É parte fundamental da doutrina que sigo. Então tem que ser levado a sério.

— Está bem. Vamos tomar uma cerveja? Enquanto isso, conversaremos um pouco mais a respeito dos meus "espíritos".

— Vamos. Estava esperando mesmo pelo convite.

Foram a um barzinho simples, ali nas proximidades do teatro e que, por isso mesmo, era frequentado habitualmente pelos artistas.

Sentaram-se num canto discreto e pediram cerveja e alguns aperitivos. Josiane estava impaciente:

— Me conta direitinho essa história dos espíritos, quero dizer, das pessoas que você viu.

— Na verdade, foi uma pessoa só, uma jovem muito bonita.

Josiane não perdia a oportunidade de cutucá-lo:

— Tratando-se de você, amigo, tinha de ser.

— Não brinque. Foi a mesma mulher. Ela apareceu duas vezes e em lugares diferentes. Numa das vezes, até conversou comigo.

— Interessante. Me conte isso direitinho.

Calmamente, Fred contou como ocorrera a primeira aparição, no restaurante. Quando terminou, Josiane ficou intrigada:

— Quer dizer que a tal moça chegou perto e, mesmo sem conhecê-lo, adivinhou seu pensamento?

— É o que parece, não é? E depois ela ficou puxando conversa e eu tinha que responder, por uma questão de educação, certo? Aliás, ela era bem falante e muito bem-humorada, um papo legal. Só foi chato porque a Vânia me pegou falando sozinho.

— Pegou? E qual foi a reação dela?

— Me perguntou se eu estava falando com espíritos.

Josiane sorriu:

— E como foi que você se saiu dessa saia justa?

— Eu respondi que estava falando comigo mesmo, ensaiando as falas do meu papel na peça.

Desta vez, Josiane gargalhou:

— Saiu-se muito bem, cara! Você é esperto.

— A segunda vez foi agora no teatro, durante o ensaio, sentada na plateia. Ainda saí correndo para ver se a encontrava, mas nada.

— Ah, amigo, se foi espírito, você nunca iria encontrá-lo. Eles é que nos encontram, e não o contrário.

— Sabe o que eu acho engraçado? Você fala disso com tanta convicção, como se já tivesse encontrado algum.

— Pois saiba que eu não apenas já encontrei vários, como também já conversei com eles.

Fred duvidou:

— Fala sério, Josi.

— Estou falando sério. Não estou dizendo que ver espíritos seja um fato comum, mesmo para os médiuns experientes. Acontece, mas isso é raro e difícil de acontecer. O mais comum é falarmos com eles durante as sessões espíritas, através dos médiuns. Ou seja, falar com eles é bem mais simples que vê-los, embora enxergá-los seja possível.

— Então, você está falando sério? Os espíritos aparecem mesmo e até falam com a gente?

— Insisto: é raro acontecer, mas aparecem e falam conosco. Allan Kardec, o codificador do Espiritismo, em *O Livro dos Médiuns*, explica bem esta questão. Não só afirma a possibilidade dos espíritos se tornarem visíveis, se tiverem permissão, como até, em certos casos, tocarem e serem tocados. Mas esclarece também que "não basta o espírito querer mostrar-se; é também necessário que a pessoa a quem se quer mostrar tenha a aptidão para vê-lo.".

— Então, isso quer dizer...

— Que você tem essa habilidade que Kardec menciona nos textos.

Fred estava visivelmente admirado com aquelas informações:

— Eu jamais poderia imaginar que essas coisas acontecessem.

— Pois acontecem. Em condições apropriadas, conseguimos fazer contato com os mortos, se houver permissão para isso. Às vezes, nem precisam aparecer, pois falam através de um médium. Podem também se manifestar pela escrita, sempre utilizando um médium — é a chamada psicografia.

Em outras ocasiões, quando necessário, podem aparecer na rua ou até na casa da gente.

Fred estava admirado, pois nunca ouvira falar daqueles assuntos:

— Caramba!

— Por que você não dá um pulinho lá no centro onde trabalho? Assim você aprenderia um pouco mais sobre os espíritos.

— Acho uma boa ideia. Mesmo tendo sido criado por pais espíritas, não entendo nada disso.

Ela tomou um gole da cerveja e colocou sua mão sobre a dele:

— Sabe o que acho legal em você, dentre outras coisas? Você não é espírita e pelo que sei não professa nenhuma religião...

— É isso mesmo.

— E, no entanto, é mais generoso que muitas pessoas religiosas. Esse seu trabalho no hospital, com as crianças doentes, por exemplo, é de uma generosidade sem tamanho. Por causa dele sua conta-corrente com o "homem lá em cima" deve estar com um saldo positivo enorme.

— Ora, Josi, isso que faço não me custa nada.

— Como não custa, meu amigo? E seu tempo, seu talento, seu esforço, seu comprometimento? — E tudo sem nem sequer ganhar um centavo! Eu acredito que você talvez não seja capaz de imaginar o bem que faz àquelas crianças, o quanto seu trabalho é importante para elas.

— Faço numa boa, sem querer ser herói. Só espero que elas sintam-se um pouco alegres e felizes com aquilo que faço.

— É claro que se sentem.

— Fico feliz em saber disso. Bom, voltando ao assunto, vamos marcar uma noite para visitar seu centro.

— Quando você quiser.

***

Fred havia combinado de almoçar com Vânia na quinta-feira. Encontraram-se num dos restaurantes preferidos dela.

Depois de atualizarem os assuntos amenos e comuns aos namorados, Fred resolveu comentar sobre a conversa que tivera com Josiane a respeito das duas aparições, que Vânia nada sabia.

Contou-lhe tudo, em detalhes. Depois que concluiu a narrativa, ficou esperando alguma manifestação dela. Como não veio, insistiu:

— O que você acha disso tudo?

Vânia respondeu sem olhar para ele:

— Você já sabe o que eu acho. Não acredito nessas coisas. Aliás, grande parte dos médicos não acredita. Há exceções, claro. — Fez uma pausa e só então olhou para o namorado. — E você? Pretende visitar o centro espírita onde sua colega trabalha?

— Ainda não sei, mas confesso-lhe que gostaria de esclarecer esses dois acontecimentos. Além disso, acho que, aos 28 anos de idade, já é tempo de acreditar em alguma coisa.

Ela foi dura na resposta:

— Bom, eu com 30, não sinto essa necessidade. Preciso acreditar cada vez mais no meu trabalho, isso sim.

Fred achou que devia contra-atacar:

— Admito que o conhecimento técnico é importante, sim. Mas você não acha que, quando uma cirurgia está muito complicada, com muita dificuldade para salvar o paciente, o médico não pede ajuda a...

Ela o interrompeu com uma pitada de ironia:

— A alguma entidade espiritual superior? Fala sério, querido. Quem nos ajuda são os anos e anos de estudos, pesquisas, estágios e residência médica, isso sim. Ah, e os instrumentos também.

Fred achou melhor mudar logo de assunto, antes que a conversa virasse discussão. Conhecia bem sua namorada e sabia que ela era muito irredutível quando tomava alguma posição sobre qualquer assunto. Sendo uma pessoa extremamente racional, qualquer tema próximo da espiritualidade era rejeitado por ela, por ser considerado subjetivo.

— Bom, vamos deixar isso para lá. Estou me lembrando de que você me disse ao telefone que tinha uma coisa importante para me falar.

— É verdade. — Vânia fez uma pausa. — Desde já, adianto-lhe que vai ser um assunto complicado.

Fred sentiu um frio na barriga e precisou se controlar para não entrar em pânico. Seu pavor tinha uma única causa: o medo de perder seu amor. Tudo que pudesse colocar em risco a estabilidade da relação dele com Vânia o assustava.

Mas fingiu-se de forte:

— Estou preparado, pode falar.

Ela estava visivelmente nervosa e constrangida. Passou as mãos na toalha da mesa, dobrou um guardanapo, certamente para ganhar tempo e ordenar as ideias, e começou devagar:

— Ganhei uma bolsa de estudos para fazer um curso de especialização em oncologia infantil, em Londres, com tudo pago.

A primeira reação de Fred foi espontânea, por que, num primeiro momento, não percebeu as implicações daquela viagem:

— Uau! Que legal, querida! Parabéns!

Ela ficou surpresa com a reação dele:

— Muito legal mesmo. Fico feliz que você entenda a importância disto para mim e minha carreira.

— Mas é claro que entendo. Vai ser ótimo para sua profissão.

— Com certeza. O problema é que... — e parou.

A ficha ainda não tinha caído para Fred:

— Que?

Ela olhou para ele e disse de uma só vez:

— A duração do curso é de seis meses.

Só então Fred caiu em si. Ficou subitamente sério, com a testa franzida e bastante pálido:

— Seis meses? Em Londres?

Ela olhou no fundo dos olhos deles tentando adivinhar qual seria sua reação. Repetiu baixinho:

— Isso mesmo. Seis meses.

Fred ficou sem chão. Não conseguia imaginar ficar seis longos meses longe de sua amada. Olhou para os lados e depois para a namorada:

— Nossa, Vânia, é muito tempo. Você já aceitou?

Ela pareceu confusa:

— Fred, essa é uma oportunidade incrível. Muita gente luta a vida inteira para conseguir uma chance dessas. É um curso famoso, caríssimo e eu ganhei uma bolsa! Vai sair praticamente de graça para mim.

Naquele momento, temendo o afastamento por tanto tempo, Fred não estava mais focado nas vantagens do curso:

— Quer dizer que ficaremos seis meses sem nos ver? Metade de um ano?

Ela pôs suas mãos sobre as dele:

— Querido, vai ser dificílimo para nós dois. Eu também sentirei sua falta. Mas entenda, pense no meu futuro profissional. É uma oportunidade incrível e vai enriquecer muito meu currículo, além de tudo o que vou aprender, que vai me permitir ajudar ainda mais meus pacientes.

— Eu sei, eu sei, não tenho contra-argumentos. Aliás, nem devo contra-argumentar nada. E, além disso, você já aceitou, não foi?

Ela tentou se justificar:

— Eu tinha que decidir rápido, havia prazo para as inscrições. Quero dizer, eu não tinha outra opção.

Fred mostrou-se magoado:

— Você nem mesmo teve tempo para me consultar ou para me informar disso antes de tomar uma decisão?

— Querido... — Vânia não sabia o que dizer. De fato, poderia ter consultado Fred, mas para quê, se ela já decidira que iria?

— Bom, não adiantaria nada mesmo, não é? Você já estava decidida. Me consultar antes seria apenas uma questão de consideração.

— Não fale assim, Fred. Você sabe que eu o considero muito, além de admirá-lo demais. Mas você também sabe que essas oportunidades passam pela nossa frente uma vez na vida. Se não a agarrarmos...

Magoado, Fred respondeu olhando para os lados:

— Você está certa, eu sei como é.

Ela tornou a pegar nas mãos dele:

— Mas eu não quero que você fique triste. Isso é uma coisa para comemorarmos e não ficarmos tristes.

Ele forçou um sorriso amarelo:

— Eu estou feliz por você, querida. Esse curso vai ser muito bom para sua carreira, como eu já disse.

Vânia considerou que a questão da viagem estava equacionada. Não havia mais nada a dizer. Então, mudou de assunto:

— Agora, vamos falar de você. Já está preparado para a maratona teatral que recomeça hoje à noite?

Fred percebeu a intenção dela de escapar do assunto da viagem e respondeu tentando parecer calmo:

— Estou sempre preparado.

— Não consigo imaginar como vocês, artistas, conseguem decorar e repetir o texto e as cenas durante quatro noites consecutivas, de quinta a domingo. Eu acho simplesmente incrível. Tenho certeza de que eu não conseguiria.

— Talvez conseguisse se tentasse. Quando a gente ama o que faz e as pessoas com quem faz, isso não é nenhum sacrifício. Pelo contrário, é muito gratificante e realizador.

— Que irônica a vida é: eu, que não entendo a cabeça de artista, fui namorar logo um.

Fred sentiu uma pontada de frustração: preferia que ela tivesse dito “fui me apaixonar logo por um”.

Sem dúvida, esses sentimentos depressivos deviam fazer parte da inesgotável insegurança e carência afetiva dele.

Depois que se despediram, Fred dedicou toda a tarde para tentar se desvencilhar da tristeza pela viagem de Vânia e focar sua energia na apresentação de logo mais, à noite.

Graças a todos os exercícios de concentração que fez e aprendeu durante sua formação de ator, conseguiu livrar-se, ainda que por um período, da figura de Vânia.

Seu enorme esforço de dissimulação valeu a pena: nenhum de seus colegas de elenco notou qualquer mudança na sua interpretação em relação às apresentações anteriores.

CAPÍTULO 9

Após o espetáculo, o elenco habitualmente reunia-se num pequeno restaurante próximo ao teatro, para comentar a apresentação.

Naquela noite, Fred queria ficar sozinho. Pediu desculpas aos colegas, e, alegando uma pequena indisposição, preferiu ir para seu apartamento, localizado na Zona Sul da cidade, relativamente distante do centro, onde ficava o teatro.

Era um edifício modesto, de três andares, sem elevador. Fred morava no último andar, o que o forçava a se exercitar diariamente subindo os três lances de escada, várias vezes ao dia, dependendo da movimentação. O lado positivo desse esforço era que o ajudava a manter a forma física, sem necessidade de frequentar uma academia.

Aliás, aquela era uma das razões pelas quais Vânia não gostava de ir lá. Cansava-se rapidamente e alegava que iria chegar lá em cima suada e com a maquiagem desfeita.

Fred banhou-se rapidamente, preparou e comeu um sanduíche, e desabou na cama. Ficou longo tempo olhando para o teto, remoendo o diálogo que tivera com sua namorada.

No escuro do quarto, foi difícil para Fred conciliar o sono.

Ele amava Vânia mais do que tudo na vida. E agora, por causa da carreira, ela ficaria longe dele por seis meses. Podia ser muito bom para a profissão dela, mas era péssimo para a relação deles. Mas quem disse que ela estava preocupada com isso? Por que deixaria de progredir na carreira por causa dele, um simples ator? Por que ele achava que ela o amava tanto a ponto de desistir do curso? Porque era um tolo, um fraco; era o que sempre concluía nessas situações em que Vânia levava vantagem.

Enfim, qualquer que fosse a explicação ou justificativa que ele encontrasse, a verdade era que Fred sentia-se sem chão. O que faria todo esse tempo sem sua amada?

Ele não era de beber, mas lembrou-se dos vinhos que ganhara no Natal e abriu um deles.

A garrafa ficou vazia em pouco tempo. A mistura de raiva, tristeza e álcool costuma dar um resultado: lágrimas. E Fred chorou como um adolescente que perde a primeira namorada.

Sob o efeito do vinho, enfim, conseguiu dormir.

Assim, ele não poderia saber que, num canto escuro do seu quarto, havia um vulto olhando-o com um semblante de carinho e, ao mesmo tempo, de compaixão.

Era o espírito da jovem de pele alva que já aparecera a ele por duas vezes. Ela passou grande parte da noite orando por Fred, porque sabia que ele estava precisando e que ainda precisaria muito de boas energias. O antigo medo de perder gerava a insegurança que o atormentava. Algo doloroso, adquirido em vidas passadas.

Na manhã seguinte, Fred acordou com uma ressaca terrível. Viu a garrafa de vinho vazia e lembrou-se do que acontecera.

De fato, ficara muito chateado com a notícia que Vânia lhe dera no almoço da véspera, de que passaria seis meses em Londres.

Tentara se consolar na bebida, mas percebeu que fora em vão. A perspectiva do vazio provocado pela ausência da mulher amada continuava doendo forte em seu peito.

No entanto, seu lado profissional falou mais alto e ele reagiu. Sabia que tinha pela frente mais três apresentações da peça e sua interpretação não poderia estar menos brilhante do que era habitual, e que despertava tanto a admiração de todos.

Um banho frio ajudou-o a reanimar-se.

Ainda tinha uma longa tarde para atravessar até o horário do espetáculo. Resolveu fazer uma visita aos seus pais, na Zona Leste — ou seja, do outro lado da cidade.

Por experiência própria, sabia que uma conversa com os pais sempre ajudava nos momentos de incerteza.

***

Benício e Flávia, os pais de Fred, formavam um casal muito simpático, jovial e bem-humorado.

Dos 58 anos de idade que ambos tinham, já fazia mais de trinta que estavam juntos. Esperaram três anos para que Fred viesse ao mundo.

Moravam numa modesta casa térrea, de propriedade deles. Havia anos, Benício tinha uma bem-sucedida loja de materiais de construção e era dela que vinha o sustento do casal.

Com esse próspero negócio, antes da crise econômica que assolou o país, o casal proporcionou ao filho uma infância tranquila e confortável para os padrões da classe média.

Desde que nasceu, Fred nunca dera preocupação aos pais, exceto por uma misteriosa doença que o acometeu aos cinco anos de idade e que depois, após muitas idas e vindas a médicos e hospitais, foi curada de maneira inesperada, por meio de um tratamento espiritual.

Não fizeram nenhuma restrição quando Fred, já adolescente, lhes comunicou que queria ser ator. Pensaram tratar-se de uma vontade momentânea, talvez influenciada por algum colega da escola. Mas estavam redondamente enganados. A decisão era para valer.

Quando completou 18 anos, Fred mostrou-se disposto a fazer faculdade de Artes Cênicas.

Como Benício e Flávia eram espíritas — iniciaram os estudos logo depois da cura do filho —, acreditavam que essas escolhas eram inspiradas por entidades protetoras. Por isso, nunca tentaram demovê-lo dessa ideia.

Agiram da mesma forma com relação à religião: nunca tentaram influenciá-lo para seguir esta ou aquela doutrina ou religião, apesar de terem se tornado espíritas convictos. Até porque, ainda que educadamente, Fred nunca demonstrara para os pais qualquer interesse, o menor que fosse, por assuntos dessa natureza.

Quando, depois de aprovado no vestibular, Fred matriculou-se no curso de Artes Cênicas, combinou com os pais que se mudaria para um pequeno apartamento situado mais próximo da faculdade. Sua mãe insistia em lhe enviar uma mesada, mesmo quando começou a ganhar seu próprio dinheiro com o teatro. O que faltava para complementar sua renda, ele ganhava como apresentador ou até como humorista em eventos de empresas e festas de aniversários e formaturas. Com sua experiência de ator, saía-se muito bem e, por isso, era frequentemente convidado para os eventos.

Felizes, seus pais acompanhavam sua carreira a distância, prontos para intervir, se necessário fosse. Felizmente, viram o filho fazer sucesso na carreira escolhida e, dentro de pouco tempo, vibraram quando ele passou a ganhar o suficiente para se manter sozinho e comprar um carro popular, ainda que usado.

Só ficaram apreensivos quando Fred lhes informou que estava namorando sério uma jovem médica. Ele já tivera várias outras namoradas passageiras, mas, segundo ele mesmo confessara, quando sentia que estava se apegando muito a qualquer uma delas, decretava logo o fim da relação. E quase nunca tinha explicação para essas decisões.

Mas para surpresa dos pais, parecia que, com essa — Vânia, a médica —, o caso era diferente, bastante mais sério. Da maneira como se referia à nova namorada, Fred finalmente parecia muito apaixonado.

Benício e Flávia sentiram que a relação poderia não evoluir devido à diferença social entre eles e receavam que o filho viesse a sofrer. Apesar de seus 28 anos, achavam-no muito ingênuo e emotivo, o que não lhes parecia positivo nos dias de hoje, em que boa parte das pessoas preocupa-se em ser "espertas", pondo muitas vezes a moral e a ética de lado. Sentiam que, na atualidade, havia mais preocupação com o "ter" do que com o "ser", e isso os deixava preocupados.

Fred decidiu fazer a visita sem avisar. Gostava de fazer surpresas — bem mais de fazê-las do que de tê-las.

***

Quando Benício abriu a porta, seu rosto iluminou-se num largo sorriso, até porque fazia um bom tempo que não via o filho:

— Meu filho, que surpresa boa! — Foi logo gritando para a esposa: — Flavinha, vem ver quem está aqui! — E abraçou Fred com alegria.

Sua mãe veio apressada, enxugando as mãos num avental florido que usava na cintura. O sorriso, se não era maior que o do marido, era pelo menos igual:

— Filho querido, que bom te ver! — Além do abraço apertado, Fred também ganhou vários beijos da mãe.

— Oi, gente, tudo bem por aqui?

Fred adorava seus pais e sentia muita falta deles. Mas sabia que profissionalmente era mais interessante que morasse numa zona próxima à movimentação do meio artístico.

— Chegou bem na hora do almoço!

— Foi de propósito. Vim filar a boia com vocês.

— Está ficando esperto, hein?

Almoçaram no meio de conversas informais e descontraídas, nas quais causos divertidos relacionados ao passado eram sempre lembrados, em meio às risadas. Os pais queriam saber tudo sobre o andamento da peça e do trabalho dele no hospital.

— Sabe, filho, temos muita admiração por tudo que você faz. Mas seu trabalho no hospital nos enche de muito orgulho e muita satisfação. É uma verdadeira missão que você vem cumprindo com muito talento.

— Faço com muito prazer, mãe.

Benício completou:

— Quando descobrimos qual a missão que nos cabe na vida, o que nem sempre é fácil de perceber, nós a cumprimos sempre com prazer. É quando sabemos que estamos no caminho certo.

Depois da sobremesa, continuaram o papo na sala de estar. Fred aproveitou para esclarecer uma dúvida:

— Já há algum tempo que eu quero lhes fazer uma pergunta.

— Pois faça, filho.

— Se não me engano, vocês faziam algumas sessões espíritas, não é?

Benício respondeu orgulhoso:

— Sim, desde que você tinha cinco anos.

— Ah, eu sabia! Tenho uma vaga lembrança de algumas reuniões que vocês faziam aqui, com um grupo de amigos.

— Aquelas eram sessões espíritas entre amigos, mas depois de algum tempo o grupo ficou grande demais e tivemos de mudar o local dessas reuniões. Infelizmente, não durou muito. Com o passar do tempo, muita gente viajou, mudou de cidade e o grupo acabou se dispersando. Então, passamos a frequentar um centro próximo daqui, o Irmão X.

— E, pelo visto, continuam espíritas praticantes até hoje.

— Até sempre. A doutrina espírita nos trouxe muita paz e esclarecimentos, além de outras alegrias. Pena que você, desde jovem, nunca mostrou interesse por este assunto.

— Admito que isso é verdade. Por isso, hoje sou um completo ignorante no assunto.

Até então as respostas vinham sendo dadas pelo pai, mas, naquele momento, foi sua mãe que se pronunciou:

— Inclusive, meu filho, seu pai e eu temos uma enorme dívida de gratidão com o Espiritismo, por sua causa.

Fred surpreendeu-se:

— Gratidão? Por minha causa?

— Isso mesmo.

— Não estou sabendo disso. Qual o motivo?

— É uma história comprida. Tem tempo para ouvi-la?

Ele riu:

— Para ouvir uma história a meu respeito, mesmo que eu não tivesse tempo, daria um jeito de conseguir. Por favor, quero ouvir isso.

Olhando para o marido e depois para as próprias mãos que repousavam sobre o colo, Flávia começou a falar:

— Quando você tinha cinco anos, teve uma doença misteriosa que nenhum médico conseguiu diagnosticar e muito menos curar. Você estava debilitado, ficando cada vez mais magrinho e já não andava mais, de tão fraco, pois não tinha mais força nas perninhas.

Fred estava admirado. Nunca soubera daquilo.

— Sério?

— Pode acreditar. Levamos você a todo tipo de especialista, tanto os do convênio, quanto particulares. Eles pediam um monte de exames e nada encontravam de errado em você, que continuava definhando.

— Minha Nossa! Que coisa curiosa. Eu não sabia disso.

— Não é de admirar. Faz tanto tempo e você só tinha cinco anos. — Flávia se emocionou com as lembranças. — Nem sei por que estamos falando disso agora. Devíamos conversar sobre coisas mais alegres.

Fred insistiu:

— Mãe, se você não se importar, gostaria que continuasse. Não quero que fique triste com essa história, porque já passou e eu estou aqui, gozando de perfeita saúde. Mas agora confesso que fiquei curioso, por que, o que quer que tenha acontecido, faz parte da minha história de vida. E, claro, tenho interesse em saber.

Foi Benício que recomeçou:

— Estávamos muito desesperados, sem saber o que fazer, pois já tínhamos tentado de tudo.

— E aí?

— Numa das muitas vezes em que levamos você a um médico, uma moça que estava na sala de espera aproximou-se de nós e disse-nos que sua doença era espiritual e não física.

Fred esboçou um sorriso:

— Doença espiritual?

— Foi isso que ela disse. E nos aconselhou a levá-lo a um lugar que fizesse tratamento espiritual. Foi o que fizemos.

— E onde vocês acharam esse lugar?

Flávia sorriu:

— Nós não achamos. Foi ele que nos achou.

— Como assim?

— Eu estava ao volante do carro e, quando voltávamos para casa, um pneu esvaziou de repente, sem motivo aparente. Quando fui trocá-lo, vimos que estávamos parados bem diante de uma casa espírita que fazia o tal tratamento que havia sido recomendado.

— Não acredito!

A mãe reforçou:

— Pois pode acreditar. Eu estava com você nos braços, do outro lado da rua, e avistei a casa.

Benício completou:

— Para nós aquilo era um sinal de que deveríamos levar você àquele lugar. E foi o que fizemos.

— E deu tudo certo?

— Se deu? Com apenas três sessões você já estava curado, jogando bola e andando de bicicleta.

— Gente, que coisa incrível! Que tratamento foi esse? E como é que esse pneu foi esvaziar justo na frente de um centro espírita?

— Até hoje não temos essa resposta.

Fred tentou encontrar uma explicação lógica, racional:

— Bom, um pneu não esvazia sozinho. Na certa, o culpado foi um prego ou uma pedra pontiaguda.

Benício sorriu:

— Tudo isso que você pensou, eu também pensei na hora. Encostei o carro no meio-fio e fui verificar os pneus. Um deles estava completamente arriado.

— E achou o prego causador?

— Pois aí é que está o mistério, meu filho, não havia prego nenhum, nem pedra pontiaguda.

— Você procurou direito, pai?

— Eu e sua mãe. Estou lhe afirmando que não havia nada de prego, nem de pedra pontiaguda. E olhe que era um pneu novo.

— Esquisito. Foi assim mesmo que tudo aconteceu?

— Contamos tal e qual aconteceu.

— Gente, mas como é que pode?

— Depois que nos tornamos espíritas, graças à sua cura, percebemos que fomos guiados para lá.

— E que remédio eles me deram?

— Você nem vai acreditar: nenhum. Só orações e aposição das mãos dos médiuns. Quero dizer, isso foi o que a gente viu. O que os médicos espirituais fizeram a gente não conseguiu ver.

Fred estava pasmado:

— Quero um pouco de água, mãe. Essa história me deixou com a garganta seca. Até agora estou sem entender.

Benício levantou-se:

— Deixe que eu pego a água. — E se dirigiu à cozinha.

Enquanto esperavam, mãe e filho ficaram em silêncio, um olhando para o outro. Quando o pai voltou, Fred bebeu a água de um só gole:

— Em resumo: quer dizer que foi esse tratamento espiritual que me curou, quando era pequeno?

— Isso mesmo. Se não tivesse dado certo, você não estaria aqui, conversando conosco.

Fred balançava a cabeça, ainda incrédulo:

— Nossa Mãe! Não tenho a menor lembrança disso.

— Você era muito pequeno, filho, tinha apenas cinco anos. E estava tão fraquinho que não iria lembrar mesmo.

Fred ficou um longo tempo em silêncio, coçando o queixo. Estava tentando colocar as ideias em ordem:

— Mas que coisa, hein? Quer dizer que esse negócio de espiritismo funciona mesmo?

Seus pais riram.

— E você ainda tem dúvidas?

— Bem, vocês sabem que, por minha culpa, como já admiti, não conheço nada sobre esse assunto. Por isso, duvido tanto. Mas o que a gente desconhece, tem dúvidas. É natural, não é?

— É natural, sim, mas você deveria se informar. Lá na Zona Sul deve ter muitos centros espíritas bons e sérios.

— Com certeza tem. Eu tenho uma colega no teatro que é a coordenadora de um deles, a Josiane. Ela comentou comigo que precisou frequentar uma escolinha de evangelização, quando criança.

Os pais de Fred se entreolharam:

— Como se chama mesmo sua amiga?

— Josiane.

— Quantos anos ela tem?

— Ah, mãe, essas coisas a gente não pergunta às mulheres, não é? Elas nunca dizem a verdade. Mas, se minha percepção não falha, tenho quase certeza de que ela tem a minha idade.

Flávia levou as mãos à boca:

— Jesus! Que coincidência! Só pode ser ela!

— Qual coincidência, mãe?

— O médium que tratou de você tinha uma filhinha com esse nome e, na época, estava com cinco anos, como você. Nós só a vimos lá uma vez. Um desses sábados, quando já íamos saindo, ele nos chamou e apresentou a garotinha. Ele falava muito dela. Pelo visto, adorava a filha. E eu me lembro bem do nome dela, Josiane, porque na ocasião nós o achamos diferente e original.

Fred sorriu, irônico:

— É muita coincidência mesmo. Vou anotar o endereço desse centro e confirmar com minha amiga se é o mesmo.

— Ótimo! Anote aí.

Quando o pai dele disse o endereço, Fred, por um instante, parou de anotar e exclamou sorridente:

— É o mesmo centro onde minha amiga Josiane trabalha. Que coisa, ela vai ficar muito feliz quando eu contar. Acho até que nem vai acreditar.

Todos os três ficaram surpresos e felizes pela "coincidência".

Benício quis saber:

— Mas agora me responda uma coisa, filho: por que você puxou esse assunto de espiritismo, que nunca foi do seu interesse?

Fred mostrou-se meio sem jeito, hesitando em falar:

— Bom, não sei se tem alguma importância, mas aconteceu comigo um negócio estranho.

— Pois conte, ora. Diremos se é estranho ou não.

E Fred contou detalhadamente sobre as duas aparições do suposto espírito de uma jovem, tanto no restaurante, como no teatro.

Flávia falou primeiro:

— Olhe, filho, coração de mãe dificilmente se engana. Para mim, tudo indica ser um espírito evoluído, que quer se comunicar com você para ajudá-lo. Parece que ele quer preveni-lo ou protegê-lo de algo. Eu imagino que é como se ele estivesse o acompanhando.

— Por que seria evoluído, mãe?

— Por que se fosse um desses espíritos sem discernimento e sem evolução, estaria causando perturbação negativa em você, o assustando.

— Não, a moça não está me perturbando. Parece que está só me observando. E de uma maneira que acho até divertida. Ela tem se mostrado muito inteligente e espirituosa. Isso me agrada.

— Viu o que eu disse? Só pode ser um espírito bom.

— Suponhamos que seja isso. O que eu faço?

— Por enquanto, nada. Talvez uma hora dessas, ela queira conversar novamente com você. Se isso acontecer, converse. Procure saber o que ela quer com você. E não precisa ter medo.

Fred sorriu maliciosamente:

— Vai ser fácil conversar. É uma garota muito bonita.

O pai simulou uma bronca:

— Ei, vá com calma, não vá dar em cima dela, moço. Os espíritos de luz não curtem isso.

Fred fingiu frustração:

— Ah, que pena...

Benício deu sua opinião:

— Sabe o que acho, filho? Que você deve procurar um bom centro espírita e se informar melhor. Eles são muito solícitos e dão todas as informações que pedimos, sempre com boa vontade e simpatia. Por que você não vai nesse da sua colega, já que são tão bons amigos?

— É, vou fazer isso, pai, o quanto antes.

CAPÍTULO 10

Fred encontrou Josiane quando parava o carro no estacionamento do teatro. Ela ia passando, sem vê-lo:

— Ei, Josi!

Ela voltou-se muito séria, mas ao perceber quem a chamara, abriu um largo sorriso:

— Oi, garoto lindo! — E veio até ele.

— Amiga, tenho uma novidade para você: hoje pela manhã fui visitar meus pais e até almocei com eles.

— Legal, cara, já era tempo, hein? Como eles estão?

— Muito bem. Mas, cara, eles me contaram um lance da minha infância que você precisa saber. Você nem vai acreditar. Eu mesmo fiquei embasbacado, é uma coisa incrível. Só vou lhe dizer uma coisa para deixá-la com água na boca: tudo indica que nós nos conhecemos quando tínhamos cinco anos de idade, acredita?

Ela arregalou os olhos, surpresa, e levou as mãos à boca:

— Fred do céu! É verdade isso?

— Na verdade, você é quem vai tirar essa dúvida. Mas tenho muito mais coisa para contar.

— Opa, então conta, vai. Não seja sádico.

— Agora, não. Precisamos de calma e tempo, pois a história é longa. Conversamos depois da apresentação. Aí eu te pago outra cerveja.

— Tá bom. Vou esperar. Não pela cerveja, mas pela história que seus pais lhe contaram.

— Combinado.

***

Aconteceu de novo.

Durante o espetáculo, novamente com a casa cheia, Fred teve a impressão de ver aquela mulher na plateia, a mesma do restaurante, sorrindo para ele. Mas, em vez de ela estar sentada, estava de pé, no corredor de acesso às cadeiras.

Foi só um vislumbre, um relance, e, assim, Fred não pôde ter certeza. Como era uma apresentação para valer e não um simples ensaio, não foi possível interromper a fala ou mesmo olhar mais fixamente para onde imaginou estar a jovem, mas foi suficiente para que ele percebesse sua pele alva e os longos cabelos negros.

No final da apresentação, depois de trocar de roupa, Fred esperou por Josiane na saída.

Ele também gostava dela, apesar de terem perfis diferentes. Em comum, só tinham a idade.

Josi era uma morena bonita, de pele macia, educada, muito inteligente, talentosa e com um bom humor extraordinário. Por escolha própria, cursara Teologia, acreditando que com aqueles conhecimentos poderia melhor ajudar seu pai à frente do centro.

Fred sabia que ela sentia uma queda por ele, sonhava em ser sua namorada, mas ele fingia não perceber, porque, por alguma razão, ele não sentia por ela a mesma atração. Considerava-a uma grande amiga, isso sim, em quem podia confiar, além de ser uma companhia muito agradável para conversar. Mas era só isso.

Foram a um barzinho ali perto, pois sabiam que o elenco estaria no restaurante, e ele queria um pouco de privacidade.

Ela gostou do local:

— Bem tranquilo aqui, não é? E muito aconchegante.

Ele brincou com ela:

— Por isso a trouxe aqui.

— Faz de conta que acredito.

Depois que se sentaram e fizeram os pedidos, ela mostrou sua ansiedade pelo que seu amigo tinha para contar:

— Então, o que temos de novidade?

— Calma, moça. — Ele aguardou o garçom trazer os pedidos e se afastar, pois não queria testemunhas.

— Como estão seus pais?

— Você já me perguntou e eu já lhe respondi: estão muito bem, com a saúde e a alegria de sempre.

— Seus pais são criaturas ótimas. E esse bom humor faz um bem enorme à saúde deles.

— Com certeza. — E tomou um gole. — Agora, prepare-se. Sabe o que eles me contaram?

— Diga logo, homem, estou curiosa.

— Quando criança, tive uma doença misteriosa, debilitante, já nem andava mais. Os vários médicos que foram consultados fizeram um monte de exames, mas não descobriram o que era e eu já estava praticamente desenganado.

Josi ficou boquiaberta:

— Gente! Eu não sabia disso!

— Nem eu. Mas agora vem o ponto alto da história, uma coisa extraordinária. Por acaso, você imagina quem me curou?

— Não faço a menor ideia.

— O pessoal de um centro espírita que meus pais encontraram da maneira mais bizarra possível. Pois acredite que, depois do tratamento espiritual que me fizeram, em menos de um mês eu já estava completamente curado, jogando bola e andando de bicicleta!

Josiane se espantou de verdade:

— Caraca, meu! Que fantástico! — E apontou o indicador para ele. — Viu como espiritismo é coisa séria? Nunca mais duvide disso!

— Estou começando a achar que sim.

Ela fingiu estar brava:

— Começando a achar? Você é um descrente muito chato, senhor Alfredo Gusmão! Os caras salvaram sua vida e você só diz que "está começando a acreditar que funciona"?

— Calma que a história ainda não acabou.

— Tem mais?

— Tem e essa vai fazer você cair para trás.

Ela brincou:

— Ai, meu Deus!

— Primeiro pegue esse papel e veja se esse endereço aqui lhe diz alguma coisa. — E passou para ela o papel onde, na visita aos seus pais, anotara o endereço do centro.

Josi pegou o papel, leu e sorriu:

— Ora, que brincadeira é essa, Fred? É o endereço do centro fundado pelo meu pai.

Fred deu um soco na mesa, entusiasmado:

— Está confirmado. Josi, acredite ou não, foi para esse centro espírita que meus pais me levaram para fazer o tratamento espiritual. O centro do seu pai!

Ela abriu a boca, impactada:

— Mentira!

— Verdade! E foi justamente ele quem me tratou!

— Fred do céu! — E ela se levantou para abraçá-lo longamente, emocionada. Depois voltou a sentar-se, enxugando as lágrimas. — Eu sabia que alguma coisa mais forte nos unia.

— Agora, prepare-se, que essa é forte. Vou dar a última tacada para completar o *show* de emoção.

— Fred, assim você vai me matar do coração. O que é, agora?

— Numa das vezes, seu pai nos convidou para irmos até uma sala reservada, para conhecer uma pessoa. Adivinhe quem estava lá sentadinha, olhando uma revista em quadrinhos. Adivinhe quem era a garotinha?

Josi emocionou-se só de imaginar de quem se tratava:

— Fred, não brinque comigo.

— Não estou brincando: era você, amiga!

Josiane não se conteve e deu um grito pra lá de escandaloso e abraçou-o outra vez, chorando novamente:

— Ai, meu Deus! Fred, diga que você não está brincando comigo!

— Claro que não, Josi. Você acha que eu iria brincar com uma coisa dessas? Inclusive, meus pais sacaram isso, assim que eu disse a eles o seu nome. Eles o decoraram por que acharam diferente.

— Fred, que coisa incrível! Olha há quanto tempo a gente se conhece! Eu não lembro especificamente de você, mas me recordo de que meu pai gostava de me apresentar a quase todos os amigos.

— Que coincidência, hein?

— Não, Fred, não existe coincidência. São encontros programados pelas entidades superiores, com algum propósito que nós não sabemos, mas coincidência não é.

— Tudo isso que contei, Josi, despertou ainda mais o meu desejo de me aprofundar nesse assunto. Falando sério, fiquei interessadíssimo nessa história.

— Pois vamos lá comigo assistir a umas sessões. E aí você aproveita para fazer uma viagem ao passado, voltando ao lugar onde, segundo você mesmo disse, sua vida foi salva.

— Vou, sim. Pois pode marcar o dia, desde que seja uma segunda ou quarta-feira.

— Certo. — Ela bebeu um pouco. — Ufa! Preciso beber outro copo. Foram muitas emoções para uma noite só.

Fred sorriu, concordando:

— Acho que você nem vai dormir direito.

— Verdade, preciso relaxar. Então vamos mudar de assunto, quem sabe, assim, eu paro de tremer.

Fred soltou uma gostosa risada:

— Daqui a pouco isso passa.

— Me diga uma coisa: já está com saudade antes de a namorada viajar?

Ele fez um gesto de desagrado:

— A mesma droga de sempre, desde que ela me falou que ia viajar. Estou fazendo a maior força do mundo para levar uma vida normal, mas tem sido dureza.

— Cara, eu sei que saudade é um negócio chato, mas você não pode deixar a peteca cair por causa disso. São só seis meses.

— Você fala como se seis meses fossem pouco tempo.

— E é. Passa rapidinho, você nem nota.

Ele teve que rir:

— Só você para me fazer rir numa situação dessas.

— Me diga uma coisa: por que nesse seu período de solteirice não sai com outras garotas? Tem um monte delas que toparia. Até eu.

Era a maliciosa Josi se insinuando. Ele pôs a mão sobre a dela e falou com muito carinho:

— Josi, você sabe que seria minha primeira opção se eu decidisse fazer isso, mas não consigo. Para mim, seria traição e eu amo aquela mulher. Seria incapaz de fazer isso com ela.

— Você não me entendeu. Não estou falando para você sair por aí transando feito louco. Estou sugerindo que você arranje companhias para conversar, passear, ir ao cinema, jantar, coisas leves.

— Essas coisas começam leves, mas terminam pesadas...

— Nem sempre. É só saber se controlar.

— Mesmo assim, não me sentiria bem. Seria meia traição.

Josiane deu uma gostosa gargalhada:

— Meia traição? Cara, você não existe. Só você mesmo para falar isso. Como é isso? Meia transa?

— Não enche, amiga, você me entendeu.

Ela ficou séria:

— Eu adoro você, sabia? De verdade. É um dos poucos caras realmente de bem que conheço.

— Eu também gosto muito de você, amiga.

— Não foi isso que eu quis dizer. Não estou falando só de gostar. Gostar a gente gosta de amigos, de vizinhos, de colegas de trabalho.

— Eu entendi, Josi. — Ele preferiu fugir da situação. — Quer saber? Vamos embora que o bicho está pegando.

Ela sorriu e entendeu a fuga dele:

— OK, eu sei esperar.

— Eu também sei, por isso vou esperar a Vânia.

Fred sorriu também, mas levou tudo na brincadeira — o que, no íntimo, incomodava Josiane. Porque ela falava realmente sério e só dependia dele para que namorassem de verdade. Para ela, só a amizade era pouco.

Depois de dar carona à colega até a residência dela, Fred rumou direto para seu apartamento.

Já tinha se banhado, feito um lanche e se preparava para dormir, quando seu celular tocou.

Era Vânia, para sua surpresa:

— Oi, querido, chegou agora?

— Faz uma hora, mais ou menos. Estava no banho. Que surpresa agradável esta ligação.

— Só agora tive tempo. Correu tudo bem hoje?

— Sim, como sempre. E com você?

— A mesma canseira de todos os dias. A sorte é que eu amo minha profissão, por isso, não me queixo. Nisso somos iguais.

Como ele estava chateado com a viagem dela, aproveitou para dar uma alfinetada na namorada:

— Até a página dois, não é, amor? Somos diferentes em muitas coisas, o que não significa que seja ruim.

— Foi isso que eu quis dizer e me expressei mal. — Fez uma pausa. — É impressão minha ou você está zangado?

— Não sei se a palavra certa é zangado, mas alegre não estou diante da perspectiva de ficar seis meses longe da mulher que amo.

— Oh, querido, não fale assim, me corta o coração. Tenho certeza de que você não gostaria que eu desistisse desse curso, confere?

— Claro, tem mais é que ir. Será ótimo para você.

— Isso mesmo. Enquanto isso, procure se distrair, se divertir.

— Sem chance. Você sabe muito bem que, sem você ao meu lado, diversão e distração não existem.

— Eu deveria ficar feliz ouvindo isso, mas, pelo contrário, me sinto culpada por sua dependência.

— Não concordo. Você não deve se sentir culpada de nada. Eu é que preciso mudar algumas coisas. Afinal, a vida é assim mesmo, devemos sempre crescer, evoluir, certo?

— Certo. É justamente por isso que estou indo fazer esse curso.

— Faz muito bem. — Ele sabia que aquela frase não expressava o que ele realmente sentia. — Já sabe quando vai?

Ela fez uma longa pausa:

— Bem, eu não queria te dizer isso à noite. Você vai ficar chateado e não vai conseguir dormir direito.

Ele não fez nenhum comentário quanto à preocupação dela. Apenas repetiu a pergunta:

— Agradeço sua preocupação. Quando você vai?

Ela hesitou novamente e depois disparou:

— Domingo.

Ele se assustou:

— Domingo? Mas isso é depois de amanhã!

— Por isso não queria te falar hoje.

Fred ficou repentinamente muito bravo:

— Ia me falar quando? Na véspera? Vânia, desde quando você sabia a data?

Ela sentiu-se flagrada:

— Fred, você acha que eu...

— Vânia, uma viagem de seis meses não é decidida em uma semana. Isso requer um planejamento e tempo para providenciar a documentação e um substituto. Tudo isso precisa de pelo menos um mês para ficar pronto. Você pode até não admitir, mas eu acho que você já sabia desta data há muito tempo.

— Está bem, admito. Eu sabia.

— E por que não me disse antes?

— Para você não sofrer por antecipação, querido.

— E tem outra coisa: eu não deveria ter participado desse planejamento? Quem sabe até conseguiria recursos para acompanhá-la?

— Como você conseguiria isso, Fred? E a peça? E o hospital?

Agora ele estava realmente irritado:

— A doutora conhece a palavra substituto?

Vânia percebeu a raiva dele e tentou acalmá-lo:

— Fred, não liguei para brigarmos. Como já lhe disse, nem pretendia falar agora sobre a viagem, ia esperar o momento mais oportuno. Eu só liguei porque estava preocupada com você, queria saber como você estava e como foi seu dia.

Ele respirou fundo e demorou um pouco para responder, até se sentir sob controle, mas não conseguiu inteiramente:

— Eu estou bem e meu dia foi ótimo. Até agora.

Ela deu um suspiro porque sua paciência também estava se esgotando. Aquela conversa não saía do lugar:

— Bom, vejo que é melhor irmos dormir.

Ele foi brusco:

— Concordo. Até amanhã. Um beijo.

— Outro para você. Fique bem. — E desligaram.

"Fique bem! Ela disse isso? Que baita ironia!", pensou Fred ao término da conversa.

Dentro de Fred fervilhavam sentimentos intensos e, ao mesmo tempo, contraditórios: raiva, solidão, impotência, rejeição, tristeza. "Ela não me dá a menor importância, não tem respeito por mim. Que valor que tenho perante ela? Nenhum, é o que parece.", lastimava-se o pobre rapaz.

— Droga! Droga!

Irritado, andava de um lado para o outro dentro do pequeno quarto. De repente parou, pôs as mãos nos quadris e falou bem alto, em tom desafiador:

— E você, espírito iluminado? Cadê sua luz? Por que não aparece agora que estou precisando de ajuda! Hein? Não ouvi. Cadê você, se é que existe mesmo?

Naquele exato momento, a torneira da pequena cozinha abriu-se sozinha e começou a jorrar água na pia. Fred levou um susto, demorou alguns segundos para entender o que estava acontecendo e, quando entendeu, correu e fechou a torneira antes que a pia transbordasse. Ficou olhando para ela, confuso. Aquela torneira estava sempre emperrada e era preciso alguma força para abri-la. Como funcionara sozinha?

Por não ser familiarizado com as coisas do outro plano, Fred não estabeleceu nenhuma relação do episódio da pia com seu desafio, tampouco com o misterioso espírito da bela jovem.

Uma pena que ele não soubesse que ela estava ali, torcendo por ele, sentada em uma poltrona, com uma das mãos no queixo.

Há momentos em que os espíritos preferem permanecer invisíveis. Eles sabem que é mais eficaz ensinar a pescar do que dar o peixe. Ou seja, algumas lições da vida são melhores aprendidas pela prática, quando as vivenciamos.

Ainda que isso doa algumas vezes.

CAPÍTULO 11

Vânia e Fred chegaram ao aeroporto pela manhã, quase em cima da hora do avião levantar voo. Por isso, após despachar a bagagem, não houve muito tempo para conversas finais e longas despedidas. Beijaram-se muito, disseram "eu te amo" diversas vezes e ela se foi.

Fred esperou o avião levantar voo, na tênue fantasia de que, na hora H, ela desistiria do curso e voltaria se jogando nos braços dele.

Claro que ela não voltou e claro que o avião levantou voo.

Ele voltou cabisbaixo para seu carro e demorou a dar a partida. Ficou ali, calado, chorando baixinho. Estava só, sentia-se só.

Não sabia o que fazer durante o resto do domingo até a hora do espetáculo. Pensou em ligar para Josiane, mas refletiu melhor e desistiu. Isso equivaleria a alimentar falsas esperanças na colega e amiga.

Por fim, decidiu ir para o apartamento. Com o péssimo humor que o dominava, concluiu que era melhor ficar sozinho para não magoar ninguém que não tivesse nada a ver com sua frustração.

***

Para Fred, a passagem de domingo para segunda, foi terrível.

Quando chegou ao apartamento depois da apresentação, ficou assistindo à TV. Não tinha a menor vontade de ligar para algum amigo ou colega. Queria mesmo ficar só, já que não podia estar com Vânia.

Quando finalmente conseguiu adormecer, seu sono foi agitado, com imagens fragmentadas de sua namorada.

Acordou com o pensamento de que precisava usar a segunda-feira para recompor-se e estar em condições de ir ao hospital na terça.

Na verdade, sentia um grande desânimo para tudo, como se sua vida não tivesse mais sentido. Estava completamente abatido. Era como se Vânia, ao partir, tivesse levado toda a energia dele. Tanto que voltou a dormir durante toda a tarde.

À noite, foi a um *shopping*. Por acaso, descobriu lá um espaço para relaxamento e meditação. Era um salão relativamente grande, com várias cadeiras, ar climatizado e música suave. Ficou ali sentado, pensando na sua vida.

Não fizera muita coisa até agora. Completara sua formação acadêmica e sua carreira de ator dava-lhe grande prazer, mas não o transformava numa pessoa especial. Sua atividade com as crianças no hospital oncológico era um trabalho de destaque pelo bem que causava, segundo pensava. Mas era só.

Ao contrário dele, sua namorada Vânia tinha uma profissão nobre e importante. Talvez isso não a deixasse tão apaixonada quanto ele gostaria. Mas, caramba, havia tantas histórias de amor entre nobres e plebeus, ou isso só existia nos filmes e romances?

Por um instante, teve um pensamento de rebeldia: que tal se mudasse sua vida, se desse uma guinada radical e seguisse outro caminho? Ainda era jovem e bem que poderia fazer outra faculdade. Mas qual? Não se sentia atraído por nenhuma outra profissão que não a de artista. Parecia que isso estava no seu DNA.

Em resumo, sentia-se desorientado, perdido.

À noite, antes de dormir, lamentou não saber nenhuma prece. Mas logo imaginou que essas coisas não poderiam ser padrão, rígidas. Cada um deveria rezar da maneira que soubesse e com as palavras que considerasse adequadas.

Foi o que fez.

Sentindo-se meio constrangido, porque não tinha esse hábito, nem essa fé, improvisou uma oração.

Não se ajoelhou. Ficou deitado, mas juntou as mãos como via nas gravuras de fiéis, quando estavam em oração:

— Bem, quem quer que esteja me ouvindo, ou lendo meus pensamentos, peço que me ajude. Sei que há pessoas com problemas muito maiores que o meu e nem tenho certeza se tenho mesmo um problema. Mas a verdade é que com a ausência da minha namorada, perdi as forças. Sinto-me desanimado, sem energias. E tenho trabalho para fazer. Então, não sei bem a quem pedir ajuda, na certa a Deus, ou Jesus, ou Nossa Senhora, não sei, mas qualquer um deles que esteja me escutando, por favor, me ajude. Me faça superar este mau momento. Sei que isso é uma fraqueza minha. Muita gente viaja e passa muito mais que seis meses distante da pessoa amada. Por que justo eu tenho de me sentir assim por causa de uma namorada? Não sei, na certa é uma carência minha ou insegurança. Seja o que for, não consigo superar. Então, peço ajuda. Não sei o que devo dar em troca, talvez uma oração, mas, desculpem-me, não conheço nenhuma. Espero que minhas boas ações e intenções valham alguma coisa. Obrigado.

Na manhã seguinte, Fred nem se lembrava do momento em que adormecera. Só se lembrava de ter improvisado uma prece.

Teria ela surtido algum efeito?

Coincidência ou não, na manhã de terça-feira, Fred acordou mais disposto, mais otimista. Uma dúvida o assaltou: seria efeito da prece? Não sabia. O fato era que estava ótimo.

Tanto que se saiu muitíssimo bem no trabalho com as crianças, no hospital. Nunca as vira gargalhar tanto. Estava tudo tão divertido, engraçado, que se demorou lá mais do que de hábito, para alegria da garotada. E só saiu porque a secretária o avisou de que já era hora de encerrar a apresentação. As crianças precisavam relaxar, fazer as refeições, a higiene e depois prepararem-se para dormir, além da medicação de rotina.

Saiu feliz. Em nenhum momento associou seu belo desempenho à oração da noite anterior.

De qualquer maneira, por via das dúvidas, repetiu-a ao se deitar naquela noite. Percebeu que se sentia bem fazendo isso.

***

Fred acordou tarde, como sempre acontecia às quartas.

Depois do desjejum, sem namorada e sem ter para onde ir, decidiu visitar a biblioteca pública. Ler fazia-lhe muito bem, fazia-o viajar para outras paragens e talvez esquecer sua frustração.

Percorreu as estantes, escolheu um livro com a biografia de Shakespeare e sentou-se à mesa de leitura. Naquela hora em que a maioria das pessoas estava se preparando para almoçar, o salão estava praticamente vazio.

Começou a ler com interesse, queria saber mais sobre o autor da peça que o projetara tão bem no meio artístico, na crítica e no público.

Ficou tão envolvido com a leitura que nem viu o tempo passar.

Então, um sussurro bem próximo interrompeu sua concentração e chamou sua atenção:

— Posso dividir a mesa com você?

Ele desviou o olhar do livro que tinha nas mãos e olhou para quem fizera a pergunta. Levou um susto: de pé, ao seu lado, estava a moça que já lhe aparecera duas vezes. Ele voltou a observar como ela era linda, com sua pele alva e os longos e lisos cabelos negros.

Com a surpresa, Fred falou bem mais alto do que deveria naquele ambiente de silêncio:

— Ei, é você!

Ela sorriu:

— Fale mais baixo, por favor, senão expulsarão você daqui. Sim, claro que sou eu. Esperava outra pessoa?

— Não, não esperava ninguém, muito menos você. Acho que já nos vimos antes, não é?

Ela pareceu feliz com a lembrança dele:

— Já. Que bom que se lembra de mim.

— Que coincidência nos encontrarmos aqui, hein? Ou será que você está me seguindo?

— Não é coincidência, até porque isso não existe. Mas de certa forma, estou o seguindo já faz tempo.

Ele ficou muito surpreso e curioso:

— Por que você está me seguindo?

Ela olhou para os lados:

Não podemos conversar direito aqui, sussurrando o tempo todo. E se falarmos mais alto, vão nos olhar com cara feia. Você não quer ir até a lanchonete? Lá podemos falar mais alto. — E saiu andando sem esperar a resposta dele.

— Combinado, vamos. — Intrigado com aquela jovem, Fred fechou o livro que estava lendo e a seguiu.

Ele estava realmente curioso. Então, a bela moça existia! Espírito coisa nenhuma. Era uma bela garota de carne e osso.

A lanchonete estava praticamente vazia. Àquela hora, as pessoas já tinham voltado ao trabalho. Eles escolheram uma mesa mais afastada e sentaram-se frente a frente.

Ele quis ser gentil:

— O que você vai querer?

— Eu, nada, mas fique à vontade. Pode pedir o que quiser.

— Ué, essa não entendi. Então por que me convidou para vir aqui, se não vai comer nada?

— Apenas para ficarmos mais à vontade para conversar. Lá na sala de leitura, certamente a supervisora iria chamar nossa atenção e talvez até nos convidar a sair.

— Tem toda razão. Acho que vou pedir um suco. Tem certeza de que não quer nada?

— Não, obrigada, mas fique à vontade. Já me alimentei.

Enquanto o pedido não chegava, Fred a observou. Era uma moça muito bonita. Tinha a pele muito alva, olhos de um azul profundo, cabelos bem pretos, lisos e compridos, lábios finos e vermelhos, sem nenhuma maquiagem. O olhar era inquieto e parecia constantemente irônico, como se estivesse se divertindo com a situação.

Quando o pedido chegou, Fred esperou a garçonete se afastar e perguntou:

— Agora me diga: por que você está me seguindo?

— Porque sou da Polícia Federal.

Ele quase se engasgou:

— Oi?

Ela deixou escapar um adorável riso cristalino, que fez Fred lembrar-se do som de uma harpa, quando tocada suavemente:

— Calma, foi só uma brincadeira. Não precisa ter medo.

— Caramba, que susto! Não que eu tenha feito alguma coisa errada, mas polícia é sempre polícia, não é? E nos dias de hoje, assusta ouvir que estamos sendo seguidos pela Polícia Federal.

— Desculpe, não quis assustá-lo.

— Sem problema, meu coração continua batendo. Mas você ainda não me respondeu por que está me seguindo.

Ela inclinou a cabeça e falou carinhosamente:

— Fred, vamos combinar uma coisa. Pelo menos por enquanto, não vou falar sobre mim. Não me pergunte quem sou, nem de onde vim. Só posso lhe dizer que sou do bem e que quero seu bem.

Fred estava desconfiado:

— Como você pode querer o meu bem se nem me conhece?

Ela sorriu misteriosamente:

— Engano seu. Eu o conheço há muito mais tempo do que você é capaz de imaginar.

— Pois não me lembro de jamais a ter visto, com exceção dessas duas vezes, uma no restaurante, onde eu jantava com minha namorada, e outra na plateia do teatro, durante um ensaio.

Ela balançou o dedo indicador, apontado para ele:

— Pois você está enganado. Houve outra vez.

Ele lembrou, estalando os dedos polegar e médio:

— Ah, já sei. No corredor da plateia, durante uma apresentação? Era você?

Ela balançou a cabeça afirmativamente e sorriu como uma criança que apronta uma travessura e assume a culpa:

— Era eu, sim.

— Bem que eu desconfiei, mas não tive tempo de confirmar. Você sempre some.

Ela abanou com a mão:

— Ah, não ligue. Eu sou assim mesmo, misteriosa.

— Então por que resolveu aparecer agora e conversar?

A voz dela era muito doce:

— Fred, você já se esqueceu do que lhe pedi. Não vou falar sobre mim, pelo menos por enquanto.

Ele ironizou:

— Muito democrático isso. E quando vai poder responder a tudo que eu lhe perguntar?

Ela balançou a cabeça, apertando os lábios:

— Não sei. Não sou eu quem decide isso.

Fred simulou impaciência:

— Ah, fala sério! Não posso acreditar nisso. Por acaso é seu chefe quem decide se você pode ou não responder?

— Ele mesmo. Acertou em cheio.

— Muito bem, e quem é seu chefe?

Ela fez cara de quem estava ralhando com ele:

— Puxa vida, você é mesmo insistente, não?

— Desculpe, esqueci que não posso lhe perguntar nada. Mas não faço a menor ideia de como conseguiremos conversar se não posso lhe perguntar nada.

— Será muito simples: eu faço as perguntas e você só responde.

Ele fingiu uma gargalhada:

— Ha-ha-ha! Simples assim! Isso não é nada justo, nem confortável. Não vai ser uma conversa, será um monólogo.

Ela não se perturbou:

— A vida tem dessas coisas. Você, por exemplo, acha que está passando por um momento justo e confortável?

Fred ficou sério e olhou a moça fixamente por um instante:

— Quem é você? O que sabe de mim, além do meu nome, que, aliás, não sei como você descobriu?

— Ué, está na fachada do teatro. Você é um cara famoso. Olha, vou lhe fazer uma proposta. Se você gostar do nosso papo, virei aqui toda quarta-feira, conversar com você.

— Vou ficar insistindo neste ponto: sobre o que conversaremos, se eu não posso lhe fazer perguntas?

— Podemos conversar sobre o que você quiser. Seu trabalho no teatro, no hospital, sua vida afetiva. Uma conversa não é feita necessariamente de perguntas. E além do mais, você pode, sim, me fazer algumas perguntas. O que eu quis lhe dizer, e parece que você não entendeu, é que não poderei responder a algumas, só isso.

— OK, então vou tentar: onde mais você me viu além do teatro?

— No hospital. Viu? Respondi.

Ele ironizou:

— Nossa, você é muito generosa, obrigado por ter respondido. E o que você sabe sobre minha vida afetiva?

Ela desviou o assunto:

— Olha, daqui a pouco a supervisora daqui vai passar de mesa em mesa recolhendo os livros. É melhor você poupar o trabalho dela e se apressar para devolver esse livro na estante.

Ele olhou para os lados e, de fato, viu que a supervisora estava se aproximando da mesa deles:

— Tem razão. Com licença, volto já.

Ele foi guardar o livro e voltou rapidamente.

Claro, deveria ter desconfiado: a linda moça não estava mais na mesa da lanchonete, nem por perto. Sumira, como das outras vezes.

Ele sentou-se, estupefato. Que raios estava acontecendo com ele? Havia mesmo uma moça ali, conversando com ele, ou estaria tendo visões? Será que estava ficando esquizofrênico?

***

Na quinta-feira, Fred decidiu convidar Josiane para almoçar. Precisava conversar com ela a respeito da moça da biblioteca, que sua mãe achava que era um espírito iluminado.

Desnecessário dizer que Josi ficou muito feliz com o convite, mas fez questão de alertá-lo:

— Moço, lembre-se de que estou em horário de trabalho. Não posso demorar muito.

Ele aproveitou a observação dela para provocá-la:

— Já sei, moça, pode admitir que a verdade é outra: eu sei que você não aguenta ficar muito tempo comigo e vai logo dando uma desculpa para ir embora cedo.

Ela riu, descrente do que ouvira:

— O que está acontecendo? O garotão está carente hoje?

Ele tocou o ombro dela:

— Estou brincando, boba. Vamos num *self-service* que é mais rápido. Mas espero que dê tempo de lhe contar uma coisa interessante que aconteceu comigo ontem. Conheci alguém.

Ela fingiu um ciúme exagerado:

— Você me convidou para almoçar para falar disso? Não sei se esse assunto me interessa.

Ele apenas sorriu.

Serviram-se rapidamente. Durante o almoço, Fred contou sobre a ida à biblioteca e o encontro com a moça misteriosa.

— E só aconteceu isso? Só conversa? É difícil de acreditar. Não rolou nada mais interessante?

— Nada, ora. Não seja maldosa. Ela só queria conversar.

Era evidente que Josiane estava com ciúmes:

— Pois achei uma conversa muito estranha, muito sem graça. Só ela podia fazer perguntas? Muito conveniente isso.

— Pois é, também achei estranho. Mas foi um papo legal, de qualquer forma. Ela é muito bem-humorada, muito inteligente.

O ciúme pintou novamente:

— Você se interessou por ela?

Ele balançou a cabeça:

— Bem, não posso negar que ela é uma garota bem interessante.

— Quer dizer que você me chamou aqui só para me informar que ganhei outra concorrente, além da oficial, a Vânia?

— Pare com isso, Josi. Foi só um papo de amigos.

— Pode até ter sido, mas aposto que você gostou dela.

— Gostei, não nego, apesar de não saber nada sobre ela, já que eu não podia fazer certas perguntas.

Josi fez uma expressão de desprezo:

— Eu, hein? Já vi que de espírito essa moça não tem nada e muito menos "iluminado". Sinceramente, sabe o que acho? Ela está dando em cima de você, cara.

— Ué, essa eu não entendi. Por que ela não pode ser um espírito? O que mudou?

— Ora, meu amigo, você acha que espíritos ficam marcando encontros em lanchonetes?

— Não sei, você que é espírita é que deve saber. E não é qualquer lanchonete. É a da biblioteca, coisa fina. — Ele enfatizou, como se isso fosse relevante. — Lanchonete de biblioteca. Vi em um filme, *Cidade dos anjos,* que os espíritos adoram ficar passeando em bibliotecas.

Josiane parecia levemente irritada:

— Quer saber? Preciso ir. Acabou minha hora de almoço.

Fred aproveitou para cutucá-la:

— Boa sorte, terceira opção. A gente se vê à noite, no teatro. — E riu, enquanto ela se afastava fazendo um gesto obsceno com o dedo médio, sem olhar para ele.

***

Fred teve vontade de rever a moça da biblioteca. Ele havia se divertido com o jeito dela. Só então percebeu que nem o nome dela sabia. Bom, misteriosa como parecia, certamente ela não teria dito, mesmo que ele tivesse perguntado.

Lembrou que com Vânia não rolava muita conversa. Só sexo. A maioria das vezes em que eles se encontravam era para fazer sexo. Era como se não houvesse assunto em comum entre eles. Já com Josiane e com a moça da biblioteca a conversa fluía fácil. Por quê?

À noite, ao deitar, motivado pela conversa que tivera à tarde, Fred reviu o filme *Cidade dos Anjos*, em seu quarto.

O que será que ele faria ou pensaria se soubesse ou pelo menos imaginasse que a moça da biblioteca, de forma invisível, estava deitada ao seu lado, na cama, também assistindo ao filme?

Os espetáculos que se seguiram até domingo transcorreram com o sucesso de sempre. O talentoso elenco era muito dedicado e o público percebia isso. E, claro, gostava e aplaudia generosamente.

CAPÍTULO 12

Na manhã de terça-feira, quando estava se apresentando no hospital, Fred surpreendeu-se ansioso pela quarta-feira, esperando rever a moça da biblioteca, como passou a chamá-la.

O dia lhe reservava algumas surpresas. Em um dos intervalos, um dos garotos internados aproximou-se dele e perguntou-lhe:

— Ei, Fred, eu queria saber quem é a moça que está o acompanhando. É sua namorada?

Fred olhou para os lados e para trás para descobrir a quem o garoto se referia, mas não havia moça alguma por perto:

— Que moça é essa, amigo?

— Ué, essa que estava se apresentando ao seu lado. Parecia até que ela estava o imitando. Fez as mesmas coisas que você e, assim como você, está vestida de palhaça. Ela também é muito engraçada.

Fred estava incrédulo: não havia moça nenhuma se apresentando com ele. Achou que o garoto poderia ter feito alguma confusão com uma das enfermeiras. Mas o curioso era que não havia nenhuma delas vestida de palhaça e nem poderia.

— Você viu mesmo essa moça?

— Claro. Foi a primeira vez que ela veio.

Fred achou melhor não questionar mais. Poderia ter sido uma fantasia ou ilusão da criança.

— Bom, já que você viu, não é mais segredo. É uma amiga minha que está me ajudando neste trabalho. Mas é só uma experiência.

O menino pareceu satisfeito com a explicação:

— Ah, muito legal ela. É sua namorada?

— Não, só amiga.

— E ela virá sempre com você?

— Isso eu não sei, amigão. Ela é muito ocupada e nunca me avisa quando vai vir me ajudar.

— Que pena. Seria legal se ela viesse sempre. Vocês dois juntos formam uma bela dupla e são muito engraçados.

Fred decidiu não se preocupar com a visão do garoto. Poderia até ser uma brincadeira dele.

Que outra coisa poderia ser?

***

Fred estava na biblioteca, lendo o mesmo livro da semana passada, quando o conhecido sussurro soou delicadamente ao seu lado:

— Pensou que eu não viria?

Sentindo uma surpreendente alegria interior, ele fechou o livro rapidamente e olhou para ela, sorrindo:

— Sabe o que me surpreende em você? Nunca a vejo chegar. A impressão que eu tenho é de que você vem levitando ou aparece de repente, como num passe de mágica.

Ela sentou-se, desta vez na cadeira ao lado dele:

— De repente, pode ser mágica mesmo. Você gosta de mágica?

— Adoro, desde criança.

— Então deve gostar também da maneira mágica que eu chego.

— Claro que eu gosto, mas o problema é que me dá um susto danado, me pega desprevenido.

— Então, vá se acostumando. Eu não posso agir de outra maneira, tenho que ser discreta. Não posso chegar dando espetáculo. Isso aqui é uma biblioteca, um lugar de silêncio.

— Tem razão. Então, vamos para a lanchonete. — Ele fez um gesto para que ela fosse à frente. — As mulheres primeiro. — Ele observou-a caminhando à sua frente. — Ah, que bom.

Ela voltou-se rapidamente, talvez tendo interpretado mal a observação dele, achando que se referia ao seu traseiro.

— Que bom o quê, mocinho?

— Estou vendo que você não levita, então, só resta a opção da mágica.

Parecendo aliviada, ela voltou a caminhar:

— Você está enganado, há outras opções.

— Quais?

Como chegaram à mesa da lanchonete, ela aproveitou para se sentar e mudar de assunto:

— Correu tudo bem ontem no hospital?

— Ué, desta vez você não estava lá?

— Desta vez não. Foi uma colega minha.

— Correu tudo bem, pode perguntar a ela. Mas eu não vi nenhum rosto novo por lá.

— Não preciso perguntar, já sei que você é muito talentoso. Quanto a ver um rosto novo por lá, acho que seria difícil. Você fica concentrado no seu trabalho.

— Isso é verdade, mas aconteceu uma coisa curiosa.

— Posso saber o que foi?

— Claro. No intervalo, um dos garotos me perguntou quem era a moça vestida de palhaça que estava me acompanhando e até me imitando. Se era minha namorada.

Ela riu, divertida:

— Perguntaram isso para você, foi?

— Foi. Você sabe de alguma coisa a esse respeito?

— Talvez minha amiga tenha decidido se divertir também e resolveu se vestir de palhaço e imitá-lo.

— Pode ser, mas o interessante é que, se foi isso, eu não a vi em nenhum momento. Será que ela faz mágica também?

Ela continuava sorrindo, os lindos olhos azuis brilhando, parecia se divertir muito com aquela história:

— Vai ver que sim, todas as minhas colegas fazem mágicas. Mas você está fazendo perguntas demais. Lembre-se de que sou eu quem faz as perguntas.

— A propósito, eu gostaria de saber se já estou liberado para lhe fazer algumas perguntas.

Ela colocou o dedo indicador no queixo e olhou para o teto, como se estivesse tomando uma importante decisão:

— Hummmm, deixe-me pensar. — Fez uma pequena pausa. — Apenas algumas, não muitas.

— Só preciso de um pequeno detalhe: como eu faço para saber quais perguntas posso fazer?

— Ah, meu caro, vai ter que experimentar para saber. É na base da tentativa e erro.

— Está bem, vamos tentar. Por exemplo: seu nome?

Ela respondeu olhando fixamente para ele, como se esperasse que ele se lembrasse de algo ao ouvir seu nome:

— Ludmila.

Não houve nenhuma reação especial de Fred.

— Bonito nome. E o sobrenome?

Ela riu:

— Essa pergunta não pode.

— E eu até sei o porquê. Se souber seu sobrenome, ficará fácil descobrir quem você é, o que faz e onde mora.

Ela sorriu divertida:

— Justamente. Preciso tomar cuidado: você é muito esperto.

— E por que não posso saber quem você é?

— Olhe, eu não deveria responder a essa pergunta, mas vou fazer uma concessão: primeiro, porque saber quem eu sou não vai alterar em nada nossas conversas. E em segundo lugar, você não pode saber quem eu sou simplesmente por que não entenderia minha presença aqui.

Ele balançou a cabeça como se estivesse impaciente:

— Ludmila, eu não sei se você é somente uma garota chata ou misteriosa garota que gosta de fazer os outros de tolo.

Ela deu aquela cativante risada cristalina que ele já conhecia.

— Eu não sou chata, meu caro. Não me considere assim. Apenas tenho regras e critérios que devo seguir.

Fred se surpreendeu:

— Regras e critérios? Para quê?

Ludmila respondeu como se fosse a coisa mais óbvia do mundo:

— Para conversar com as pessoas, ora.

— Mas isso torna nossa conversa, às vezes, indecifrável. Até porque tem certas coisas que não entendo.

— Como o quê, por exemplo?

Ele sorriu:

— Por exemplo: com todas essas restrições que você me impõe, ainda não sei por que gosto de você.

Ela também sorriu, sempre de modo divertido:

— Isso é muito estranho, porque eu sei exatamente o porquê gosto de você.

Ele se ajeitou melhor na cadeira para ouvir:

— Então me diga.

A voz dela era mansa e suave:

— Porque você é do bem. É generoso, sensível, solidário, bem-humorado, talentoso e muito inteligente.

Ele pareceu frustrado, apesar de ter ouvido tantas qualidades:

— Só?

Ela se surpreendeu:

— Eita! Acha pouco?

— Não é pouco, de jeito nenhum. Pelo contrário, acho até que você exagerou.

— Então, por que o "só"?

Quando Fred respondeu, parecia uma criança se queixando de não ter ganhado o presente que queria:

— Porque todo mundo, quando fala de minhas qualidades, se esquece de dizer que sou bonito.

Ela balançou a cabeça, parecendo decepcionada:

— Ah, eu não acredito que ouvi isso. Cara, que infantilidade! Você não era assim.

Preocupado em se justificar, ele nem percebeu o "você não era assim", senão teria questionado:

— Você não acha que a beleza é importante?

— Moço, o que vale mesmo é a beleza interior. Você já deve ter ouvido falar de Antoine de Saint-Exupéry.

— Já e até sei o que você quer dizer: "O essencial é invisível para os olhos. Só se vê bem com o coração".

— Isso é uma grande verdade, por isso não tem importância alguma dizer que você é bonito.

— OK, entendi. — Mesmo assim, Fred ficou com cara de amuado.

Então, ela o surpreendeu:

— Mas você é bonito.

Agora foi ele que deu uma gostosa gargalhada.

— Ah, Ludmila, você é uma pessoa incrível e me divirto muito com você. Muito imprevisível e espirituosa.

A reação dela foi estranha para Fred:

— E espiritual também, não esqueça.

— Espiritual? Como é isso? Como é ser espiritual?

— Para simplificar, digamos que é ser diferente.

— Então me diga uma coisa: em que você é diferente das outras moças da sua idade?

Ela empurrou delicadamente o dedo indicador contra o nariz dele:

— Essa pergunta é uma das que você não pode fazer, por que eu não posso responder. Portanto, vamos mudar de assunto.

Ele riu, conformado:

— Vamos, né? Que jeito?

— Como vai a saudade da namorada?

— Estou sobrevivendo. Mas estou bem melhor do que antes. Por exemplo, quando estou conversando com você, nem me lembro dela.

Ludmila sorriu e pareceu a Fred que ela ruborizara:

— Obrigada, é muito gentil de sua parte. Sinto-me lisonjeada, mas acho que ela não iria gostar de saber disso.

Ele aproximou-se mais e brincou, falando baixinho, como se compartilhasse um segredo:

— Nós não vamos contar para ela, não é?

Ludmila tornou a sorrir:

— Não vamos, é segredo nosso. Não seria bom aborrecê-la. Mas acho que está na hora de você devolver o livro.

Desta vez, ele balançou vigorosamente o dedo indicador em sinal de negativa:

— Ah, nessa você não vai me pegar outra vez. Se eu me ausentar desta mesa, você some.

— Fique tranquilo, hoje não vou fazer isso.

— Posso confiar?

— Inteiramente.

— Ufa, ainda bem.

Mas o alívio dele durou pouco:

— Hoje você é quem vai sumir.

— Eu?

— Sim. Preciso orientar alguém, desculpe, quis dizer que preciso conversar com outra pessoa e ela virá justamente aqui. Então, peço a você que deixe o lugar para ela.

Ele não gostou muito daquela história:

— Você está falando sério?

— Estou, Fred, faz parte do meu trabalho.

— Eu vou, mas me permita dizer que não gostei. Me senti rejeitado, desqualificado, trocado por outro.

— Ah, Fred, não se sinta assim.

— Eu não gosto de perder.

— Não faça drama, Fred, você não vai perder nada. Apenas meu trabalho pede que eu atenda outra pessoa. E nem se trata de outro, mas de outra. Não foi minha intenção deixá-lo mal.

— Mas conseguiu. — E ele se levantou, fingindo-se de zangado. — Tchau, passe muito bem.

Ela percebeu que ele, de fato, não gostara de ser trocado. Talvez ela pudesse ter se expressado de outra forma, para não dar a ele a impressão que teve:

— Nos veremos na próxima quarta?

Ele foi irônico na resposta:

— Você quem sabe. Tem horário para mim ou já está ocupado por outra pessoa?

Agora, quem se fingiu de zangada foi ela:

— Escuta aqui, garoto mimado: eu posso ser chata, mas você é muito bobo. Continua ciumento depois de tanto tempo!

Ele não entendeu:

— Continuo ciumento depois de tanto tempo? Que história é essa? Pode me explicar?

Agora quem não quer conversa sou eu. Tchau e passe bem também.

— Bela saída para não dar explicações.

Ela não se dignou a olhar para ele e nem a responder.

Sem opção, Fred se afastou amuado. Ainda bem que não olhou para trás: Ludmila já havia sumido. Simples assim.

Enquanto caminhava apressado, ele pensava: "Que idiota que sou! Estava ansioso por esse encontro, certo? Certo. Mas alguém em sã consciência poderia chamar isso de encontro? Essa menina é completamente maluca! Não vou cair nessa outra vez!".

E prometeu a si mesmo que não voltaria a pensar naquela garota nas próximas semanas.

O tempo mostraria que estava errado.

CAPÍTULO 13

Fred prometera a si mesmo que não iria cair em outra frustração provocada por Ludmila, mas caiu.

Na quarta-feira seguinte, lá estava ele na biblioteca, lendo a biografia de William Shakespeare pela enésima vez.

Na verdade, olhava as páginas sem lê-las, passando-as uma por vez. Seu pensamento estava bloqueado pela ansiedade de ouvir o sussurro que ele aprendera a gostar. E que veio quando menos esperava:

— Se eu jogasse, seria capaz de apostar que você não viria hoje. Teria perdido a aposta.

Fred olhou para Ludmila, que já havia se sentado à sua frente, sem que ele percebesse, mas não falou nada. Fingiu que continuava a ler.

Ela perguntou numa voz muito suave:

— Ainda está zangado comigo?

Ele respondeu sem olhar para ela:

— Desculpe, lamento informar que algumas perguntas você não pode me fazer.

Ela apenas sorriu:

— OK, garoto, é uma regra muito revanchista, mas aceito. E como você também não pode me fazer algumas perguntas, fiquemos aqui, calados, contribuindo para o silêncio da biblioteca. A vantagem é que nem precisaremos ir para a lanchonete.

Fred fechou o livro com estardalhaço. Ele próprio se assustou com o barulho que fez. Com um gesto de cabeça desculpou-se com os poucos leitores que estavam ali e que haviam olhado para ele com sinal de óbvia censura.

Ludmila apenas sorriu candidamente e olhou para os lados.

— Entendi o recado. Não preciso perguntar de novo. Já percebi que você está muito zangado comigo. Vamos à lanchonete onde você poderá gritar à vontade, sem perturbar os que estão aqui.

Desta vez, mal educadamente, ele foi à frente dela e sentou-se à mesa de sempre. Ela sentou-se na cadeira à sua frente:

— Pronto, moço, desabafe. Abra e feche o livro com bastante força. Não se preocupe em ser discreto.

Ele falou baixinho fazendo grande esforço para parecer calmo, ou pelo menos controlado:

— Escute aqui: você não entende que, no momento em que estou, longe da namorada, carente, solitário, eu preciso conversar com alguém inteligente e interessante para colocar para fora minhas angústias, dúvidas e queixas? Mas eu me enganei, você não é essa pessoa.

Ela balançou a cabeça, parecendo decepcionada:

— Ou seja, não sou nem inteligente nem interessante.

Finalmente ele a olhou:

— Eu não disse isso. Você é, mas usa essa regra bizarra de não responder a algumas coisas que, como amigo, eu gostaria de saber e que fazem parte de qualquer conversa adulta. Do jeito que você quer conversar, isso aqui parece mais um interrogatório, onde só você faz as perguntas. Por acaso já ouviu falar em comunicação de duas vias?

Ela estava séria:

— É, você está mesmo muito zangado comigo.

Ele respondeu amuado:

— Você já disse isso, está se repetindo.

Depois de alguns segundos de completo silêncio, Ludmila se manifestou com serenidade:

— Bom, mesmo sabendo que você está zangado comigo, vou arriscar uma pergunta e você só responde se quiser: existe alguma coisa confidencial e sigilosa em sua vida que você dividiria comigo?

— Aí deixaria de ser confidencial e sigilosa.

— Vou mudar a pergunta: existe alguma coisa confidencial e sigilosa na vida de seus pais que você dividiria comigo?

— Só com a autorização deles, é claro.

— Isso quer dizer que se eles lhe pedissem para não comentar comigo esse segredo, você não o faria.

— Evidente que não. Teria que ter a autorização deles. Mas que papo é esse? O que tem a ver com nossa conversa?

— Isso também é uma conversa.

— Que eu estou achando totalmente sem sentido. A menos que você tenha um segredo que seus pais não querem que me conte, é isso?

— Você concorda que isso explicaria por que não posso responder a tudo o que você me pergunta?

— Explicaria, mas você não confirmou: é isso mesmo? Seus pais não querem que você me revele um segredo seu? Ou é ordem do seu chefe?

Ela suspirou alto, com impaciência:

— Meu Deus, como você é chato!

— Chato, eu? Tem certeza de que o chato sou eu?

Ela percebeu que se a conversa continuasse desse jeito iriam discutir outra vez. Então decidiu conciliar:

— Fred, não vamos discutir. Vamos mudar de assunto.

— Acho melhor.

— E sua namorada? Tem falado com ela?

Ele respirou fundo e relaxou um pouco. Apesar de tudo, falar sobre Vânia lhe fazia bem:

— Na verdade, menos do que gostaria. Ela deve estar muito ocupada lá. Parece que o curso é intensivo.

— Entendo. — Fez uma pausa e, de repente, fez uma pergunta inesperada. — Você a ama ou é dependente dela?

Ele se surpreendeu:

— Que pergunta é essa?

— Apenas para fazer você refletir. Às vezes, é difícil para qualquer pessoa perceber a diferença entre amor e dependência.

— Você vai me dizer que há diferença? Quem ama não fica dependente da pessoa amada?

A voz dela era suave:

— Não necessariamente. O amor é incondicional, é livre, sem amarras, sem cobranças e produz paz e alegria. Ele flui na alma das pessoas como a água límpida e cristalina desliza nos riachos. A dependência, ao contrário, aprisiona, cria necessidades, nós, amarras, sentimento de posse, de culpa e gera angústias, inseguranças e ansiedades. E, lógico, assim, não há paz nem alegria.

Fred ficou longo tempo em silêncio, esfregando as mãos e olhando para elas. Depois, levantou o rosto e fitou Ludmila, muito sério:

— Nunca pensei nisso. Para mim, bastava ter a certeza de que a amo. Nunca precisei pensar a respeito.

— Desculpe, mas eu acho isso uma atitude perigosa.

Ele continuava rebelde:

— Talvez seja, mas é assim que eu sou.

— Tudo bem, se é assim que você escolheu viver. É o que chamamos de livre-arbítrio. Cada um decide como quer ser e viver. A vida é feita de escolhas e é preciso cuidado para fazer a escolha adequada.

— E você, que está falando nesse assunto com tanta segurança, já amou alguém com todas as suas forças?

Ela o olhou profundamente e ele teve a impressão de vê-la emocionada e com o olhar triste:

— Já, com uma intensidade que você não é capaz de imaginar.

— E você era apaixonada ou dependente dessa pessoa que você diz ter amado tanto?

Ela demorou muito para responder:

— Desculpe-me, Fred, mas eu diria que é cedo para lhe responder a uma pergunta dessa natureza. Você não entenderia a resposta.

Ele balançou a cabeça, novamente amuado:

— Não entenderia? Obrigado. E isso porque você me acha inteligente. Realmente não entendo.

— Fred, não me interprete mal. O que estou tentando lhe dizer é que nem tudo na vida é tão simples de explicar.

— Tente, pelo menos.

— Por exemplo, se eu respondesse à sua pergunta com um "ambas as coisas", o que você pensaria de mim?

— Se você respondesse que amava e era dependente ao mesmo tempo, eu diria que você é contraditória, que é do tipo "faça o que eu digo, mas não faça o que eu faço", algo assim.

— Viu? Não disse que você não entenderia? Pois não sou desse tipo e muito menos contraditória. Você não entendeu nada.

— Tem razão. Não entendi mesmo.

— E nem posso lhe dar mais explicações. Considere que eu sou um caso especial e que não dá para comparar a relação que você tem com sua namorada com a que eu tive com a pessoa que amei e de quem dependia. Era uma relação muito especial.

— Então me diga, Ludmila, o que você tem de especial?

Ludmila suspirou, parecendo desanimada:

— Fred, Fred... é tão difícil explicar, meu amigo. — Mas logo se recompôs. — De qualquer forma, essa pergunta foi censurada. Não posso respondê-la, desculpe. Talvez algum dia você saiba, e então, quem sabe, voltaremos a conversar em outros termos. Acredite em mim e não se ofenda, mas por enquanto, simplesmente não dá.

— Se é assim, assunto encerrado.

— Isso mesmo, assunto encerrado. Mas agora eu quero saber se você ainda está zangado comigo.

— Zangado, não. Frustrado. Não consigo tirar de você respostas claras, objetivas. Não sou filósofo, sou apenas um ator.

De repente, Ludmila ficou tão brava com aquela observação que seu rosto ficou vermelho de raiva:

— Fred, faça um grande favor a mim e a você mesmo: nunca mais volte a dizer isso! Nunca mais repita esse absurdo!

Ele se surpreendeu com a reação intempestiva dela:

— Isso o quê?

Ela fez uma imitação caricata dele:

— "Sou apenas um ator!". Isso é um absurdo! Não me faça acreditar que você não compreende a grandeza de ser ator. Você sabe desde quando existem atores? Deve saber, mas vou repetir: desde o século V a.C., em Atenas. Desde o grego Téspis, o primeiro ator do mundo ocidental, sua profissão existe, sobrevive, resistindo a guerras, epidemias, conflitos, perseguições, ironias e críticas durante todos esses séculos até o dia de hoje. E você tem a coragem de dizer isso, de se considerar "apenas um ator"? Francamente!

Fred estava surpreso e ao mesmo tempo agradecido pela reação de Ludmila. Pela primeira vez via sua amiga sem aquele permanente bom humor, mostrando uma face brava e rebelde que jamais imaginara ver nela, que agora parecia emocionada:

Ele se defendeu timidamente:

— Desculpe, Ludmila, foi apenas uma força de expressão.

— Que me deixou muito indignada. Se você não respeita a profissão que exerce tão bem, aliás, começa a não ter respeito por si. Tudo bem que sua namorada é médica. Ótimo, parabéns para ela. O médico é muito importante porque salva vidas. Mas o ator também é muito importante porque salva almas e consciências, promovendo transformações nas pessoas, com suas mensagens e interpretações.

— Ludmila, me perdoe, eu nunca tinha pensado em minha profissão nesses termos, nessa dimensão.

Mas ela continuou:

— Apenas um exemplo para lembrá-lo do seu valor: você tem ideia da alegria, do carinho e do amor que você provoca nas crianças do hospital, mesmo que estejam prestes a deixar este mundo? Tem? E você ainda vem me dizer que "é apenas um ator"! Não posso acreditar, muito menos aceitar.

Fred estava realmente surpreso com a reação dela, mas de certo modo também estava orgulhoso de saber que Ludmila tinha aquela opinião a seu respeito e a respeito de sua profissão.

Ele falou com cautela e calma:

— Nossa, Ludmila, que lindo tudo o que você disse da minha profissão! Foi maravilhoso ouvir essas coisas! Por acaso você é ou já foi atriz, minha amiga?

Ela não respondeu logo. Deu-se um tempo para se acalmar. Quando falou, sua voz estava ofegante e baixa, como se tivesse dispendido muita energia.

— Amo o teatro, assim como todas as minhas colegas. O teatro teve um papel importante em minha vida. Mostrou-me o amor, a dor, a importância da arte na vida.

— Fico feliz em saber, Ludmila. Onde estão suas colegas? Quero convidá-las para assistir à minha peça.

Ela mostrou um frágil sorriso:

— Não se preocupe com isso. Elas já viram.

— Já viram? Que pena, eu não pude me apresentar a elas.

— Eu sei. Você não conseguiria vê-las. Elas não se mostram.

— Também por ordem do chefe?

— Também. Que, aliás, é o meu também.

— E onde estão elas agora?

— Ah, meu amigo, todas elas estão muito longe, espalhadas por aí, como eu.

— Como assim "espalhada por aí"? Então, você não trabalha?

Ela sorriu misteriosamente:

— E como, meu amigo! Trabalho vinte e quatro horas por dia.

Ele protestou:

— Calma aí, ninguém trabalha vinte e quatro horas por dia. É contra a lei. Que chefe é esse que a faz trabalhar tanto?

— Lembra que eu lhe disse que sigo normas e critérios?

— Sim, lembro.

— Pelas normas que eu e minhas colegas seguimos, devemos trabalhar vinte e quatro horas por dia, o ano inteiro e em vários lugares ao mesmo tempo. E saiba que amamos o que fazemos.

— Então, perdoe-me o que vou dizer: seu chefe é cruel e injusto.

Ela balançou a cabeça, sorrindo:

— Engano seu, meu amigo, meu chefe tem um coração de ouro e é a mais justa das criaturas. Nós todas o amamos muito.

— Não sei o porquê. O que você faz no trabalho?

— Isso que estamos fazendo aqui: eu converso. De vez em quando, se necessário, faço alguns trabalhos especiais.

— Entendi. Você trabalha em *telemarketing*, televendas, esses canais de atendimento a clientes, é isso?

Ela balançou a cabeça em sinal de dúvida:

— Bem, digamos que é um pouco disso, de atendimento e orientação a, digamos, "clientes". E chega de perguntas. Não se esqueça de que ainda estou indignada com você. Aliás, é melhor eu ir embora.

— Isso quer dizer que já vai sumir como das outras vezes?

— Não vou sumir, vou me afastar, o que é diferente. Pode até ficar me olhando, se quiser. — Ela levantou-se. — Tchau. E desta vez, sem mágoas, estou certa?

— Está. Fique bem, de verdade.

Ludmila levantou-se calmamente e foi caminhando em direção à saída da lanchonete. Àquela hora, havia várias pessoas ali.

Fred acompanhou-a com o olhar e viu claramente quando, gradualmente, à medida que se afastava e passava entre as pessoas, Ludmila se diluía no ar, como num passe de mágica.

Fred piscou várias vezes. Que raios estava acontecendo? Não bebera nada alcoólico, nem estava com febre. Como pudera ver Ludmila desaparecendo no ar, enquanto caminhava? Como explicar? Aquilo seria mesmo mágica?

"Definitivamente, estou estressado, só pode ser isso.", foi a única explicação que encontrou.

Mesmo depois que Ludmila se fora, Fred ficou algum tempo sentado na lanchonete. Era cedo para ir para casa e, além disso, estava muito agitado com a conversa que tivera com a jovem. Aquele papo sobre amor ou dependência mexera muito com ele.

Claro, ele não tinha dúvidas de que era dependente de Vânia porque a amava. Ou será que pensava que a amava porque era dependente dela? Como poderia saber a verdade. Sabia apenas que não queria perdê-la. Para ele, perdê-la significava abrir mão da própria vida.

Mas o que em Vânia o tornava dependente? Sua inteligência? Sua segurança? Sua capacidade de dominar e controlar? O sexo? A superioridade de sua profissão? Ou a explicação do problema estava nele?

Era duro admitir, mas, ao lado dela, Fred se sentia pequeno, quase inferior. Como se precisasse dela para decidir por ele, para dizer o que ele deveria fazer de sua vida.

Ainda pensativo, saiu da lanchonete e foi caminhando sem rumo dentro do enorme espaço da biblioteca. Havia muitas salas ali e cada uma delas expunha materiais interessantes ligados às artes em geral, todos dos séculos 18 ao 20.

Sem perceber, viu-se diante da sala do Museu de Arte. Ali havia registros, manuscritos, fotografias, desenhos e várias outras coisas que contavam a história da Arte, antiga e contemporânea.

Entrou e passou a observar o material exposto. Quanta coisa interessante! Originais de partituras, rascunhos de originais de livros, recortes de revistas e jornais antigos com entrevistas ou anunciando espetáculos, cartas e bilhetes de autores famosos para suas amadas e seus parentes, documentários, discos de vinil, livros antiquíssimos e uma vasta galeria de fotos de artistas do passado.

Por alguma razão, interessou-se pela galeria de fotos. Mais que isso, sentiu-se impulsionado para lá.

Era tudo fantástico: fotos de atores, atrizes, mágicos, cantores, tenores, sopranos — a maioria dos séculos 18 ao 20. Como eram diferentes dos artistas de hoje!

Vendo aquelas fotos, Fred teve um pensamento bizarro: será que num futuro distante existiriam museus como aquele e neles haveria fotos suas?

De repente, parou diante da foto de uma atriz do século 20. A foto estava datada de 1938.

O que o impressionou e chamou sua atenção foi o fato de que aquela foto mostrava uma jovem atriz que era uma cópia de Ludmila, como se fosse uma irmã gêmea!

Aproximou-se mais e constatou: era mesmo uma espécie de clone de Ludmila, sua amiga misteriosa, a moça da biblioteca! Seria uma antepassada dela?

A atriz da foto chamava-se Ludmila Ulianov! Até o primeiro nome era igual ao da sua amiga! Seria apenas coincidência?

Fred ficou agitado e curioso. Foi imediatamente ao setor da fototeca, apresentou-se ao funcionário responsável e pediu todos os registros que houvesse ali daquela atriz.

Muito solícito, o funcionário se afastou por alguns minutos e retornou com uma volumosa caixa de papelão. Abriu-a com muito cuidado. Ali havia dezenas de fotos antigas daquela atriz, atuando em peças teatrais diferentes. Mas em todas, independente da idade em que fora fotografada, era incrível a semelhança com a amiga misteriosa da biblioteca.

Fred quis ver a atriz se movimentando, para ver se havia outros pontos de semelhança:

— Por acaso, será que vocês também possuem aqui algum filme ou vídeo dessa atriz?

— Vídeos, com certeza, não temos, porque ainda não existiam naquele tempo. Creio que deve haver filmes mudos e em preto e branco, que depois foram copiados em DVD. Na época, essa atriz era muito popular, muito famosa. Se o senhor me aguardar um pouco, vou verificar se acho alguma coisa em Super-8 ou 16mm ou em DVD.

— Aguardo, sim. Fique à vontade para procurar.

O funcionário se afastou, consultou os arquivos de filmes pelo computador, anotou um número que apareceu na tela e voltou com uma informação:

— Temos apenas um rolo de filme em 16mm, mudo e em preto e branco. Não deve ter muita coisa, mas vale a pena conferirmos.

Fred não cabia em si de tanta ansiedade.

O rolo, originalmente filmado em 16mm, fora copiado em DVD para que pudesse ser melhor conservado, o que, inclusive, facilitava sua exibição em *video player*.

Fred foi conduzido para uma pequena sala com oito cadeiras, com uma televisão de tela maior que os modelos convencionais. Depois de preparar o equipamento para ser usado, o funcionário apagou as luzes da salinha e fechou a cortina preta que servia de porta. Assim, o ambiente ficou na escuridão.

A televisão foi ligada e a apresentação começou.

A qualidade não era das melhores. Além de o filme original ser mudo e em preto e branco, a imagem era ligeiramente tremida. Devia ter sido filmada por um amador.

O filme começava mostrando a frente do teatro, depois a longa fila para a entrada e, em seguida, uma visão geral da plateia.

E a sequência seguinte era de cenas da peça.

Sem saber o porquê, Fred suava frio.

Em certo momento, Ludmila Ulianov entrou em cena.

Fred quase pulou da cadeira onde se sentara. Se não soubesse que era uma cena do passado, ele juraria que se tratava de uma apresentação da sua amiga da biblioteca. Eram os mesmos gestos, o andar, o olhar, os movimentos das mãos — tudo igual. Pena que o filme era mudo, senão teria podido comparar até a voz.

Quando acabou a exibição de poucos minutos, Fred respirou aliviado. Parecia-lhe que parte do mistério estava sendo descoberto. Já sabia um pouco do que parecia ser a origem de sua amiga misteriosa. Agora, cabia a ela esclarecer e completar a história.

Fred saiu do museu relativamente satisfeito.

Então ela tinha antepassados artistas!

Por isso se exaltara tanto quando ele se referira a ser "apenas um ator". Claro, uma antepassada dela fora atriz! E famosa! Agora teria um bom tema para a conversa da próxima quarta-feira.

A menos que ela não quisesse falar a respeito, por ordem do chefe.

Ah, Fred daria tudo para conhecer esse chefe!

CAPÍTULO 14

No intervalo para a refeição das crianças, Fred foi para o pátio do hospital e sentou-se num dos bancos, próximo ao jardim.

Estava pensando em como, no dia seguinte, conversaria com Ludmila sobre sua descoberta no Museu de Arte da biblioteca.

Ludmila Ulianov, atriz, antepassada de sua amiga. Tão absorto estava que não percebeu que um garoto se sentara ao seu lado. Quando o viu, passou a mão carinhosamente em seus cabelos:

— Ei, amiguinho, não vai almoçar?

O garoto parecia esperto, devia ter cerca de sete ou oito anos e se expressava muito bem:

— Já almocei. Eu como muito depressa. E você, já almoçou?

— Também já. Mas, diferente de você, eu como devagar. Você sabia que comer depressa não é bom para a saúde?

— Sabia. Minha mãe sempre fala isso.

— Pois então você deve seguir direitinho o conselho de sua mãe. Como você se chama?

— Yuri. Tenho sete anos. E você?

— Me chamo Fred e tenho 28 anos.

— Você tem filhos?

— Ainda não, mas pretendo ter muitos.

— Então você é casado.

— Ainda não, mas tenho namorada.

— Mas só pode ter filhos com ela depois que se casar, não é?

Fred sorriu:

— De preferência.

— Eu cheguei hoje aqui para começar um tratamento. Consegui assistir à sua apresentação. Você é muito engraçado. Gosta de fazer isso?

— Eu gosto muito. Agora eu quero saber se você e seus amiguinhos gostam do que eu faço aqui.

— Hoje foi a primeira vez que o assisti, mas meus amigos falaram muito bem de você. Só elogios. Você diverte o pessoal e faz a gente rir.

Mesmo numa conversa com uma criança, a insegurança crônica de Fred dava um jeito de aparecer:

— Quero ouvir sua opinião: se eu parasse de vir aqui, será que as crianças sentiriam minha falta?

— Lógico! — O garoto fez uma pausa e quando falou parecia preocupado. — Você pretende parar de vir aqui?

Fred caiu em si da bobagem que perguntara:

— Não, de jeito nenhum. Foi uma pergunta boba minha. Eu só queria saber se era importante o que faço aqui, mas não me expressei bem. Esqueça o que eu perguntei.

O garoto colocou a mão no braço de Fred:

— Olha, pode ter certeza de que o que você faz aqui é muito importante. De verdade. Deixa a gente mais alegre.

— Fico muito feliz em saber.

— Você sabe que um dia desses, não faz muito tempo, eu sonhei que estava vestido de palhaço como você?

Fred sentiu uma ponta de orgulho:

— Sério? E o que fazia no sonho?

— Fazia mais ou menos o mesmo que você. Quero dizer, não com tanta perfeição e talento, mas eu brincava com as crianças e fazia graça para elas. Foi muito legal. Acordei rindo muito e alto. Tão alto que minha mãe até acordou com minhas risadas.

Uma voz preocupada chegou até eles. Era uma enfermeira, vindo apressada na direção deles:

— Yuri! Você fugiu, menino! E eu nem percebi. Não sabe que não pode andar por aí sozinho? Nem bem chegou e já está aprontando?

— Eu não estava andando por aí, tia. Estava conversando com meu amigo aqui. Você conhece ele?

A enfermeira pareceu surpresa:

— Claro que conheço. O Fred é seu amigo?

Fred apoiou o garoto:

— Somos amigos, sim, Graça. Aliás, grandes amigos. Eu gosto muito dele. É um garoto muito inteligente.

Ela fingiu estar brava com o menino:

— Tão inteligente que até consegue fugir sem ninguém perceber, mas vamos entrar, Yuri. Está começando a esfriar.

O garoto levantou do banco e deu a mão à enfermeira. Depois de ter dado uns três passos, parou, voltou-se para Fred e perguntou:

— Fred, você perguntou aquele negócio de parar de vir aqui apenas de brincadeira, não foi?

— Fique tranquilo, Yuri, perguntei brincando. Nem devia ter perguntado, foi bobagem minha.

O garoto ainda ficou olhando para ele por uns segundos, para tentar descobrir se ele falava a verdade. Depois disse sorrindo:

— Ainda bem. — E continuou seu caminho com a enfermeira.

As palavras do pequeno Yuri deixaram Fred feliz. Ele acreditava que as crianças eram mais espontâneas do que os adultos e se Yuri disse aquelas coisas maravilhosas a seu respeito, devia levá-las a sério.

Fred considerava seu trabalho uma grande diversão, mas nunca lhe passara pela cabeça que podia haver muito mais valor que isso. Ele nunca calculara a importância que seu trabalho exercia sobre elas.

Agora, por causa de uma inocente conversa com uma criança, ele entendia bem a indignação de Ludmila quando ele pronunciou aquela frase infeliz de “ser apenas um ator”. Sua amiga da biblioteca, apesar do seu jeito divertido, mostrava-se muito inteligente e madura. Primeiro ela lhe abrira os olhos e agora o pequeno Yuri fazia a mesma coisa.

Uma vez ou outra, Vânia também tinha a mesma reação, mas de maneira apenas formal, sem empolgação, sem assertividade.

Fred voltou para a segunda parte da sua apresentação com muito mais ânimo e muita motivação. Sim, ele era um ator, com muito orgulho. E se emocionou um pouco mais quando viu Yuri num dos quartos, aplaudindo-o muito sorridente ao lado de outros amiguinhos.

***

Ludmila estava à mesa da lanchonete da biblioteca, quando Fred chegou. Ele vira de longe seus longos cabelos negros, emoldurando seu rosto alvo e delicado.

Ao se aproximar, ele observou que ela não fizera nenhum pedido ainda. Feliz por vê-la ali, ele brincou:

— Você está fazendo dieta, garota? Nunca pede nada.

Ela também se mostrou feliz com a chegada dele:

— Faço minhas refeições antes de vir. São especiais.

— Você é vegetariana, vegana ou coisa assim?

— Nada que pareça com isso. Você está bem?

— Eu estou muito bem, mas quero saber se você continua brava comigo.

— Eu não estava brava com você, Fred. A palavra é indignada.

— Então vou reformular a pergunta: você ainda está indignada?

— Se você não mudou seu conceito sobre a profissão de ator, a resposta é sim, ainda estou.

— Pois acredite que mudei. E quer saber mais? Mudei por dois grandes motivos. Primeiro, as suas palavras de indignação da semana passada, duras, mas muito justas e verdadeiras, aliás, fizeram-me refletir muito. E em segundo, por causa das palavras de um garotinho de apenas sete anos, recém-internado no hospital, para iniciar o tratamento.

E contou para ela a conversa que tivera com o pequeno Yuri.

O rosto de Ludmila resplandeceu num sorriso enorme:

— Ah, o poder das crianças! Que legal! Fico feliz por você e por todos os atores do mundo. Parabéns.

Fred pigarreou:

— Ludmila, eu tenho uma pergunta para lhe fazer, posso?

— Bom, vamos ver. Primeiro faça a pergunta. Depois eu decido se posso responder ou não.

Ele olhou fixamente para ela para ver sua reação:

— O sobrenome Ulianov lhe diz alguma coisa?

Fred teve a impressão de que Ludmila levara um choque e empalidecera ao ouvir a pergunta. De qualquer forma, seu semblante, antes sorridente, transformou-se e ficou sério, talvez preocupado:

— De onde você tirou isso?

— Como você me disse uma vez, não se responde uma pergunta com outra pergunta. O sobrenome Ulianov lhe diz ou não alguma coisa?

Ela desviou o olhar. Parecia desconcertada:

— Desculpe, Fred, eu entendi sua pergunta, mas primeiro preciso saber de onde você tirou essa ideia.

Ele respondeu entusiasmado:

— Da sala do Museu de Arte daqui da biblioteca. Na quarta-feira passada, depois que você se foi, eu não tinha nada para fazer e resolvi dar uma espiada no museu, que eu não conhecia. Valeu a pena. É enorme, uma coisa fantástica, maravilhosa para quem curte arte. Tem inúmeros registros e documentos antigos sobre arte e artistas em geral, dos séculos 18 ao 20. Filmes, jornais antigos, manuscritos, fotos...

Ela continuava séria, olhando fixamente para ele:

— E o que eu tenho a ver com isso?

Fred falava com entusiasmo sobre sua descoberta:

— Vi a foto de uma atriz chamada Ludmila Ulianov. Amiga, você precisava ver! Nome igual ao seu, e era a sua cara, como se fosse sua irmã gêmea. Na hora que vi a foto, pensei logo: deve ser parente da minha amiga. Já ouviu falar dela?

Ludmila baixou os olhos e respondeu sem muito entusiasmo:

— Já ouvi falar e conheço muito bem a biografia dela. Realmente, foi uma das maiores atrizes russas da sua época.

— Então você há de concordar comigo: a semelhança dela com você é incrível, concorda? É antepassada sua?

Ela respondeu friamente:

— Não, ela não é.

— Mas você sabe a quem estou me referindo, não sabe?

— Sim, sei. Conheço bem a história dela. Ludmila Ulianov foi muito atuante, teve um grande amor na vida, mas não teve filhos com ele.

— Sério? Então, ela não deixou descendentes?

— Não, nenhum.

Fred pensou alto:

— Mas isso é muito curioso, não acha? Ela teve um grande amor, mas não teve filho com ele.

Ludmila parecia triste:

— Parece que ela não teve tempo. Morreu antes.

— Uma pena. Mas, olhe, fiquei tão impressionado com sua "irmã gêmea" que depois assisti a um filme dela, com cenas das peças em que ela atuou. Acredite em mim: todos os gestos e movimentos dela, o modo de olhar, são muito iguais aos seus.

Ludmila respondeu com uma voz desanimada, mas se esforçou para parecer natural:

— É, essas coisas acontecem.

Fred percebera que sua amiga mudara de humor:

— Ludmila, você ficou triste com essa conversa sobre sua cópia?

Ela pareceu muito irritada com a observação dele e retrucou quase gritando:

— Ela não é minha cópia, Fred!

Ele se surpreendeu com a súbita reação dela:

— Desculpe, Ludmila, não quis aborrecê-la, foi só uma brincadeira.

Ficaram quase um minuto sem falar. Fred não sabia o que dizer diante daquele desconforto da amiga.

Felizmente, para ele, foi ela quem quebrou o silêncio:

— Fred, você não deveria ter pesquisado isso.

Ele estranhou a observação:

— Não sei por que não deveria, mas garanto-lhe que não foi intencional. Só entrei no museu porque eu estava só, estava querendo preencher o tempo, já que eu não tinha nada para fazer. Só depois que, por acaso, vi a foto da Ulianov é que tive a curiosidade de saber mais sobre ela, por causa da semelhança com você. Que há de mal nisso, a ponto de deixá-la mal-humorada?

Ela olhou-o firmemente e falou de uma maneira que ele nunca imaginara ouvir, de tão séria, quase triste:

— Fred, lembre-se sempre do que vou lhe dizer: algumas coisas na vida não podem e não devem ser explicadas.

Vivemos cercados de mistérios e, na maior parte das vezes, há um encanto, uma magia nos mistérios. Por isso, eles devem ser defendidos e preservados. Há um encanto em que eu seja muito parecida com uma atriz do século 20, que tem meu nome? Há, sim, mas é um mistério que, se revelado, pode desfazer esse encanto. E você concluirá que teria sido preferível não ter feito isso.

Ele teve a impressão de que ela estava com os olhos úmidos e ficou muito preocupado de que, sem querer, pudesse tê-la magoado. A outra Ludmila poderia ter sido uma parenta querida e, por alguma razão, causava-lhe tristeza lembrar-se da história dela. Devia ser isso. De qualquer modo, Fred queria desculpar-se:

— Ludmila, falei algo que não devia?

Ela balançou a cabeça e pareceu se recobrar:

— Não, Fred. Não se preocupe. E desculpe pela minha irritação. Já passou. A história da Ulianov me comove e mexe muito comigo.

— Mas você ainda não se recuperou inteiramente. Percebo que você mudou de humor.

Ela ficou olhando um longo tempo para um dos lados. Depois disse numa voz baixa, sem olhar para ele:

— É porque não vamos mais nos encontrar.

Fred levou um choque:

— O quê? Brincadeira tem hora, Ludmila! Que história é essa? Tudo por causa dessa minha pergunta infeliz?

Ela mostrou-se já recuperada da emoção e falou de forma profissional:

— Não, nada a ver. É o seguinte, Fred. Vou tentar lhe explicar claramente. Meu trabalho é uma espécie de projeto. Nós chamamos de missão. Todos nós temos uma missão. Pois bem, minha missão com você acabou hoje, aqui e agora.

Ele continuava chocado. O pesadelo da perda caiu como uma bomba sobre ele:

— Ludmila! O que você está dizendo?

— Você pode ter certeza de que para mim foi uma das mais difíceis missões. Foi um teste muito doloroso para mim.

— Como assim? Que história de missão é essa?

— Se a palavra missão lhe parece estranha, pode usar projeto, tarefa, propósito, meta... não faz diferença.

Fred estava trêmulo, quase em pânico, diante da perspectiva de perder o contato com aquela amiga. Veio-lhe à mente, involuntariamente, o dia em que Vânia falou sobre a viagem:

— Então, eu sou um projeto seu?

Ela foi fria, implacável:

— Era. Concluí hoje esse projeto.

Ele queria entender:

— Quando o concluiu?

— Isso não importa mais, Fred.

— Claro que importa. Todo projeto tem um objetivo. Se você diz que concluiu o meu, o que você conseguiu para dá-lo por concluído?

Ela ficou pensando alguns segundos antes de responder:

— Digamos que eu o concluí quando você conseguiu reformular alguns conceitos pessoais e profissionais seus que estavam errados, distorcidos e bloqueados. Você cresceu, melhorou sua autoestima, você finalmente reconheceu seu valor como pessoa e como profissional. Acho que tive alguma participação nisso, não?

— Claro que teve. E com certeza vou aprender e crescer muito mais a cada conversa nossa.

— Não será bem assim, porque não conversaremos mais. Você vai conseguir esse crescimento sozinho porque descobriu e assumiu que tem luz própria, que é capaz de dar a volta por cima, não precisa mais de muletas para caminhar. De repente, pode até aparecer outra pessoa que o ajude nessas mudanças.

— Olha, Ludmila, essa conversa está muito estranha e eu não estou gostando nem um pouco. Se você insistir nisso, eu vou ficar confuso.

— A vida nem sempre é linear. As pessoas também aprendem por meio de caminhos sinuosos. Você também não gostou quando sua namorada viajou, mas a ausência dela foi muito útil para você repensar algumas coisas sobre a relação, não foi?

— Foi sim, mas...

— Considere que eu vou viajar. Você também não vai gostar da minha viagem. Mas quando refletir sobre nossas conversas, vai ver que foi bom ter ficado só, sem minha influência.

— Sem essa, Ludmila. Eu não quero ficar sozinho de novo. Você é a melhor amiga que tenho e quer ir embora? Eu não vou aguentar mais uma ausência.

— Fred, você tem outras amigas que não consegue ver por minha causa. Você me coloca quase num pedestal e, dessa maneira, pode se tornar dependente, o que não seria bom. Mas a Josiane, por exemplo, é uma excelente pessoa e é sua amiga. Outras poderão e deverão aparecer em sua vida, tenha certeza disso.

— Eu sei que Josiane também é minha amiga, mas nossas conversas são diferentes.

— Além do mais, ela também é atriz.

— Não se trata disso, Ludmila. Cada pessoa é singular e tem características próprias, que nos agradam mais ou menos. Você sabe muito bem disso.

— Eu sei, mas a escolha das minhas missões ou dos projetos não depende de mim. Nem o final deles.

— Depende de quem, Ludmila? Do seu chefe? Eu vou falar com ele, se você me disser onde posso encontrá-lo.

— Não precisa procurá-lo, meu amigo. Ele está em toda parte, inclusive perto de você, mais do que você pode imaginar.

— E por que eu não o vejo?

Em vez de responder, ela sorriu, mas foi um sorriso triste:

— Fred, não torne as coisas mais difíceis para mim. O importante agora é saber se eu lhe fiz bem. Fiz?

— Lógico que sim! Depois que a conheci, as quartas-feiras passaram a ter para mim um significado especial, porque era o dia em que eu encontraria você e aprenderia cada vez mais a ser uma pessoa melhor. Você me trouxe paz e alegria com seu jeito de ser.

Ela voltou a fitá-lo longamente e pareceu se emocionar outra vez:

— Se eu lhe fiz tanto bem, peço-lhe que não seja egoísta e me deixe fazer o bem a outras pessoas que precisam de mim.

— Não se trata de egoísmo, Ludmila. Estou com a namorada a milhares de quilômetros. Então, conheço e ganho uma amiga maravilhosa e quando estou recuperando as forças ela vai embora porque a missão acabou. Você acha que isso é justo?

— Fred, já lhe disse que não sou eu quem decide isso.

— Então me diga: para quem você trabalha? É alguma ONG, alguma entidade beneficente? Um grupo de psicólogas? Para o governo?

Ela balançou a cabeça, mostrando paciência:

— Não é nada disso, meu amigo. É para alguém muito acima de tudo o que você citou.

Ele teve uma intuição:

— Me fale a verdade: eu fiz mal em descobrir a Ludmila Ulianov? Parece que sim, porque você ficou triste depois que lhe falei dela. Foi isso? Mas não sei em que isso poderia ter entristecido ou aborrecido você.

— Fred, preste atenção. Você é uma pessoa maravilhosa, do bem. Você está fazendo muita gente feliz, principalmente as crianças. Continue assim, porque você ainda tem muita coisa para realizar. Pense em mim sempre com carinho e, quando aprender a rezar, faça preces para mim também.

As orações me fortalecem. — Ele estava inconformado, balançando a cabeça de um lado para o outro. — Agora, meu amigo, me desculpe, mas preciso ir.

— Espere, Ludmila, só quero lhe dizer mais uma coisa. Não sei onde você mora, de onde é, qual é seu sobrenome, onde você estuda, onde trabalha, quem são seus pais ou seu chefe, não sei nada a seu respeito. Mas sei que ainda temos muito para conversar e nos conhecermos melhor. Então, ouça o que vou lhe dizer: não sei o que você vai fazer da sua vida, mas na quarta-feira próxima eu vou estar aqui esperando por você.

Ela levantou-se, olhou-o longamente e depois se afastou em silêncio.

Ele não a acompanhou com o olhar porque não queria registrar em sua memória a última vez que viu aquela querida amiga.

Mas se tivesse olhado, teria visto Ludmila passar através das pessoas que circulavam por ali e dissipar-se no ar, como da outra vez. Mas parecia que ninguém a via, apenas ele poderia tê-la visto fazer isso.

Seu coração doía muito.

Não, era sua alma que doía.

CAPÍTULO 15

À noite, na cama, Fred pensava sobre sua conversa com a amiga Ludmila. Não acreditava que ela não apareceria na próxima semana; ainda tinham muito que saber um do outro.

Ela tinha uma maneira de conversar um tanto enigmática, mas era espirituosa e agradável. E ele também se achava um bom papo.

Mas algumas coisas ficaram sem explicação para ele. Por exemplo: como ela sabia da existência de Josiane, se nunca lhe falara sobre ela? E aquela história de missão? Será que ela pertencia a alguma seita religiosa?

Outra coisa intrigava Fred: ele tinha a impressão de que ela falara "fui atriz". Quando? Onde? Ou será que ele estava enganado? Porque se Ludmila fora atriz, era muita coincidência sua semelhança com a atriz que ele vira no museu além de ter o mesmo nome. Ele tinha a intuição de que estava diante de um grande mistério.

E o que mais o impressionava e até mesmo incomodava era a sensação absurda de achar que ela desapareceu no ar, o que, exceto tratando-se de truque ou alucinação dele, não seria possível.

E se, Deus do céu, ela fosse mesmo um espírito como sua mãe achava? O problema era que ele não acreditava nessas coisas, seria muito absurdo. Ele vira Ludmila de perto, conversara com ela, era uma pessoa, sim, de carne e osso. Que espírito que nada! Mas como explicar tantas coincidências e mistérios?

Concluiu que talvez fosse bom levar um papo com Josiane. Quem sabe o espiritismo pudesse esclarecer alguma coisa.

Sabendo que sua amiga dormia tarde, assim como ele, ligou para ela, já a cutucando:

— Fala, opção três.

— Fala, seu chato. Não foi namorar hoje não, é?

— Como? Minha namorada está longe.

— Ué, não entendo isso. E o que foi feito da *step*, da reserva ou da número dois? Sei lá o que ela é!

— Pare com isso, ciumenta. Sou um homem sério e fiel.

— Eu sei. Sério e fiel demais para meu gosto.

— Por isso não daríamos certo.

Ela riu e se insinuou:

— Você nunca tentou, como sabe?

Ele mudou o tom de voz:

— Bom, Josi, liguei para falar de um assunto sério.

— Ah, não acredito. Você, Alfredo Gusmão, interessado em um assunto sério? Não deve estar falando sério, isso sim.

— Espiritismo não é um assunto sério?

— Agora ficou mais bizarro ainda. Você, que sempre foi desligado nesses temas, agora está interessado em espiritismo?

— Pois pode acreditar.

— Ah, já sei. Tem a ver com a número dois, a moça misteriosa da biblioteca. Só pode ser isso, não tem outra explicação.

— Pare com isso, Josi. Ela não é a número dois coisa nenhuma. Mas, de certa forma, tem a ver com a minha amiga, sim.

— Está bem, então vamos conversar. O que você sugere?

— Vamos almoçar amanhã. Depois do almoço ou durante podemos conversar.

— Combinado. Onde?

Fred aproveitou para provocar a amiga:

— Pode ser aqui no meu apartamento. Isto é, se você não tiver medo de que eu a ataque.

— Medo? Você é quem deve ter medo de mim! Se você tentar me atacar, não sei se vou resistir à tentação.

— Nada disso, não crie expectativas nesse sentido. Vamos conversar sério, de verdade.

***

No dia seguinte, quando entrou no apartamento de Fred, o primeiro comentário de Josiane foi irônico:

— Aqui está faltando um toque feminino.

— É claro! Não mora mulher aqui.

— Ué, não estou entendendo. Sua namorada não vem aqui? Ela não tem jeito para decoração? Bem que ela podia dar um jeito nisso.

— Você acha que médico tem tempo para essas coisas?

Josiane poderia ter feito uma série de críticas à sua "rival", mas foi inteligente e esquivou-se da tentação:

— Não quero opinar sobre isso. Prefiro mudar de assunto. Onde vamos ficar? Na cama?

Agora quem se esquivou foi Fred:

— Não, senhora. Conhecendo bem você, seria muita tentação.

— Eu não me importo. Resisto a tudo, menos...

— A uma tentação, certo?

— Certíssimo.

— Pois é, mas eu resisto. Tenho namorada.

Ela abanou a mão para ele num gesto de desprezo:

— Sempre esqueço que você é careta. Bom, se não terei chance, vou me sentar aqui mesmo na poltrona da sala.

— Acho melhor.

Rindo maliciosamente, ela se sentou, cruzou as pernas e o chamou para sentar-se ao seu lado:

— OK, vou me comportar direitinho. Em que posso ajudá-lo, meu caro amigo careta?

Ele se sentou, mantendo uma prudente distância dela:

— Espiritismo. O tema é esse. Quero saber mais a respeito.

— Sabe o que me causa espanto?

— Diga.

— Você, tendo sido criado por um casal de espíritas ser completamente ignorante no assunto. Como pode ser?

— Simples. Eu não queria saber de nada disso. Eles bem que tentavam puxar o assunto, mas eu fugia, saía de perto. Deu no que deu.

— Entendi. E agora você tenta recuperar o tempo perdido.

— Mais ou menos isso. Mas não fuja do assunto. Que história é essa? Desde quando isso existe? Para que serve?

— Nossa mãe! Isso é coisa do arco da velha! Platão e Sócrates já escreviam sobre os fenômenos paranormais na época deles. Mas aqui, no ocidente, o espiritismo existe pelo menos desde 1847.

Ele admirou-se:

— Eita! Tanto tempo assim?

— Para você ver que isso não é brincadeira. Se fosse, não estaria resistindo tanto ao tempo, e sempre aumentando o número de admiradores, e também os ataques daqueles que não apreciam a doutrina.

— Vamos lá. Como começou essa história?

— Prepare-se que vou lhe dar uma aula. Bem resumida, claro.

Fred ajeitou-se melhor no sofá e ficou atento ao que Josiane começou a relatar:

— No ano de 1847, num vilarejo americano chamado Hydesville, próximo da cidade de Rochester, no estado de Nova Iorque, morava a família protestante de John Fox. Era uma casa bastante simples. Ele e a mulher Margareth tinham três filhas: Kate, Leah e Margareth. Certo dia, as meninas passaram a ouvir pancadas nos móveis e nas paredes, sem nenhum tipo de interferência humana.

— Caramba!

— As meninas, muito inteligentes, logo perceberam que aquelas pancadas não eram aleatórias e criaram um código para estabelecer uma comunicação com elas.

— E conseguiram? — Fred estava atento.

— Sim. Com o código que elas criaram, faziam perguntas e obtinham respostas consistentes.

— Nossa mãe!

— As meninas julgavam que as respostas eram dadas por um espírito. Muitos pesquisadores e historiadores consideram que foi aí que nasceu o espiritismo, porque foi lá que aconteceram os primeiros fenômenos ou manifestações mediúnicas, inclusive com panelas, copos, objetos e móveis que se moviam sozinhos.

— Que estranho.

— O caso se tornou tão popular e famoso que atraiu inúmeros estudiosos, pesquisadores, cientistas e, claro, também muitos curiosos. Esse fenômeno ficou mundialmente conhecido. Foi um pedagogo francês que sistematizou a relação com os espíritos. Ele ficou conhecido pelo nome de Allan Kardec, escreveu vários livros sobre o assunto, teve discípulos que passaram a propagar o que viria a se tornar uma doutrina e a coisa não parou mais, só cresceu.

— Josi, não entendo como você consegue saber e decorar todas essas informações.

— Ora, amigo, anos e anos de estudos e palestras. Já contei essa história tantas vezes, que já perdi a conta.

— Pois eu não sabia nada disso. Continue.

— Com o avanço dos estudos, ficou comprovado que a alma da pessoa não morre com o corpo físico. A alma vai para um plano espiritual e reencarna em outro corpo, depois de algum tempo. A doutrina provou, principalmente, que é possível haver comunicação entre os vivos e os desencarnados.

— É isso que não entendo. Que tipo de comunicação pode haver entre pessoas vivas e mortas?

— Os desencarnados podem se comunicar conosco pela escrita ou pela voz, usando pessoas chamadas médiuns. Podem se comunicar também por meio de sonhos e, acredite se quiser, podem até aparecer.

— Espera aí, Josi, explique-me isso direito: você está me dizendo que, segundo a doutrina espírita, uma pessoa morta pode aparecer de repente e falar com qualquer um de nós?

— Pode, mas não é tão simples e comum assim. Inclusive, já falamos sobre isso, lembra? Para acontecer uma aparição, é preciso que haja bons motivos para isso, condições e ambientes adequados e, principalmente, que a pessoa tenha o dom da visão, é o que chamamos de médium vidente.

Ele perguntou assustado:

— Você já falou com algum espírito?

— Eu falo com eles todas as noites em que trabalho no centro. Mas nunca vi nenhum, infelizmente, bem que eu gostaria. Mas conheço pessoas que já viram.

— Gente, que coisa mais louca!

Ela o corrigiu:

— Louco para você, que não conhece o assunto. Já o convidei várias vezes para assistir a uma sessão.

Ele respondeu de forma decidida:

— Eu vou. Estou interessado no assunto. Pode marcar o dia. Tudo isso que você acaba de me contar me deixou curioso e despertou mais ainda meu interesse pelo assunto.

— Mas veja bem: isso tudo que lhe falei é apenas uma pequena introdução. O assunto é muito vasto e não pode ser explicado nem entendido apenas com poucas palavras.

Ele se levantou do sofá e ficou andando pela sala, pensativo:

— O que você falou já me fez pensar num monte de coisas estranhas que andam acontecendo comigo.

— Por exemplo?

— Minha amiga da biblioteca.

— O que tem ela de estranho?

Fred voltou a sentar-se e contou em detalhes todos os encontros que tivera com Ludmila.

No final, Josiane ficou olhando para as próprias unhas como se estivesse refletindo sobre o assunto. Por fim, falou:

— Não me agrada admitir, mas parece que eu estava enganada a respeito da sua amiga.

— Como assim?

Se as coisas aconteceram como você acaba de contar, tudo indica que ela é mesmo uma presença espiritual que, por alguma razão, está tendo permissão para ser vista por você. Isso não acontece com qualquer pessoa ou qualquer espírito. É preciso que haja equilíbrio, bem como merecimento, de ambas as partes.

Fred ficou nervoso:

— Mas vai aparecer logo para mim, que não sou do ramo? Por que eu, justo eu que não acredito nessas coisas?

— Quem sabe, meu caro? Talvez justamente para fazer você acreditar. Algumas pessoas precisam de um "empurrãozinho" para crescer espiritualmente.

— Mas com que propósito? Mesmo sem acreditar, eu já sou um cara do bem, modéstia à parte. Acho que não preciso de reforço espiritual.

Ainda assim, talvez você ainda não tenha feito o que lhe cabe fazer. Ela, por exemplo, segundo lhe disse, tem uma missão, certo? Então, você também tem a sua. Talvez você tenha começado alguma coisa na vida passada e não teve tempo de concluir. Então, deve concluir agora. Pode ser essa sua missão, quem sabe?

— Mas, se você estiver certa, o que ela quer que eu faça?

— Não é ela que quer, amigo. É uma entidade bem acima dela que determina essas coisas. Ela é só uma intermediária. Sem querer ofender, ela é só uma "garota de recados" e veio dar aquele endereçado a você.

— Que entidade é essa, tão acima dela? Deus?

Josiane sorriu misteriosamente:

— Quem sabe?

Fred ironizou:

— Josi, fala sério: sendo provavelmente tão ocupado, você acha que Deus iria se preocupar com.... com...

Josiane ficou de pé e pôs as mãos nos quadris como se estivesse muito brava e disposta a brigar:

— Com o que, cara? Vai repetir aquela expressão infame? — Ela fez um arremedo dele. — Deus vai se preocupar com um simples ator?

Fred sorriu e baixou a cabeça:

— Sossegue, amiga, foi mal. Não vou mais dizer isso. Nunca mais. Foi uma das coisas que ela me ensinou.

— Viu só o que eu disse? Com certeza, ensinar isso a você certamente faz parte da missão dela.

— Mas, caramba, por que eles não facilitam as coisas e dizem logo qual é a missão de cada um?

Josiane deu uma boa gargalhada:

— Não é assim que funciona, meu querido. — Depois, continuou falando sério. — Cabe a cada pessoa descobrir sua missão. Nem sempre é fácil, reconheço. No seu caso, acho que, de alguma forma, você já está cumprindo pelo menos parte da sua.

— Qual seria?

— Por exemplo, seu trabalho no hospital, com as crianças.

Aliviado, ele passou a palma de uma mão contra a outra, como se estivesse limpando-as:

— Então, pronto. Se é isso, já estou fazendo minha parte. O que mais falta?

— Quem sabe se é só isso? Foi só uma opinião minha. Se sua amiga lhe apareceu, é porque deve ter mais alguma coisa que esperam de você ou mais alguma coisa para esclarecer.

— Em resumo, a verdade é uma só, amiga: sozinho, não vou descobrir isso nunca.

— Pois então vamos ao centro. Quem sabe lá eles o ajudam?

— Está bem. Quando você quiser.

— Vamos ver qual será o melhor dia para nós dois. Agora me diga uma coisa: Você vai quarta-feira à biblioteca?

— Vou, claro. Vou perguntar tudo a ela.

Josiane levantou-se. Já era hora de ir embora:

— Não quero desanimá-lo, mas depois do que você me contou, acho que ela não vai aparecer.

— Claro que vai. Fizemos uma boa amizade. E ela tem que me dizer se é mesmo um espírito ou se é de carne e osso!

Josi foi irônica:

— OK, vai dizer, sim. Depois você me conta.

CAPÍTULO 16

Nas semanas seguintes, Vânia ligou duas ou três vezes. Disse que estava estudando bastante e, claro, com muitas saudades. Isso recarregou um pouco as baterias emocionais de Fred, que andavam muito gastas.

Foram ligações curtas, contidas e quase formais, mas para a carência dele, foram suficientes para alegrá-lo.

Ele não a havia perdido!

Na terça seguinte, após a apresentação da parte da manhã no hospital, Fred foi sentar-se no banco próximo ao jardim e tentou ler um pouco, para relaxar.

Pela visão periférica, percebeu que alguém se aproximara.

Era Yuri. O garoto estava agora numa cadeira de rodas e tinha a cabeça raspada. Parecia preocupado:

— Oi, Fred!

— Fred se chocou quando o viu, talvez por se tratar do Yuri por quem já se afeiçoara. Apesar do trabalho que fazia ali havia algum tempo, nunca se acostumou a ver aquelas criancinhas naquela situação, mas tratou de reagir rapidamente.

— Oi, amigão! Resolveu andar de carro, agora?

Ele aproximou mais a cadeira:

— Pois é, cara. Já faz alguns dias que estou me sentindo muito fraco. Então me fizeram usar isto aqui.

— Não é melhor do que andar a pé?

— Realmente, facilita muito. — Fez uma pausa e seu semblante pareceu entristecer-se. — Me faz lembrar de que estou perto de "viajar", como diz minha mãe.

Fred engoliu em seco. Fez de conta que não havia entendido:

— Você vai viajar para onde?

O garoto desviou o olhar:

— Ora, você sabe, amigão.

Fred se sentiu flagrado:

— É, eu sei. — Fez uma pausa para se recuperar. — Me diga uma coisa: você está com medo?

— Estou, não adianta negar. Minha mãe tenta me dar esperanças, dizendo que está conversando com muitos médicos e pesquisando bastante em busca de uma cura.

Fred estava emocionado:

— As mães têm um poder incrível, é preciso confiar e torcer. Eu estou disposto a ajudá-la.

Yuri bateu amistosamente no joelho do amigo:

— Com suas vindas aqui você já tem ajudado muito, amigo.

Fred estava quase chorando:

— É o mínimo que posso fazer, por enquanto.

Yuri olhou para o lado e falou com uma voz tristonha:

— Tem uma coisa que me faz ficar muito chateado.

— O que, amigo?

— Eu tinha um projeto para quando crescesse mais.

Fred se levantou do banco e ajoelhou-se diante da cadeira de rodas:

— Posso saber que projeto é esse, amigão?

Yuri olhou para Fred e agora estava muito triste, quase chorando:

— Eu queria ser ator. Eu queria fazer um trabalho igualzinho ao que você faz aqui com a gente.

Fred abraçou-o para que o menino não visse que ele estava com os olhos cheios de lágrimas. Mas o garoto notou:

— Ei, cara, você está chorando! Está com pena de mim?

— Pena? Não, nada disso. Eu me emocionei porque o que você disse me faz ver o valor da minha profissão.

— Vale muito, cara. Por isso mesmo é que eu queria fazer essas coisas que você faz aqui e no teatro.

— Quem sabe você vai conseguir? Eu sei que você é forte, tem que resistir e lutar, para ficar bom. É preciso acreditar nisso, ter fé. — E, de repente, Fred se surpreendeu falando em fé, logo ele que não tinha religiosidade alguma.

— Acho que você tem razão.

Antes de falar, Fred olhou para os lados para verificar se havia alguém por perto:

— Yuri, quero lhe falar uma coisa, mas não precisa comentar com pessoa alguma, porque elas não gostam que a gente fale essas coisas. Posso confiar em você?

— Claro que pode. Não somos amigos?

— Isso mesmo. É o seguinte. Nem tudo está perdido, acredite. Você está aqui para fazer um tratamento, que já foi iniciado. Sei que o problema é grave, mas a medicina, às vezes, faz milagres. De repente, dá tudo certo e você fica bom. Sempre há novas descobertas que ajudam os doentes.

Yuri riu de forma melancólica:

— Será?

— Eu quero te falar mais uma coisa: garanto que eu não estou querendo criar falsas esperanças em você. Não sou nenhum irresponsável. É o seguinte. — Pigarreou antes de prosseguir. — Eu não sei rezar, mas vou aprender só para rezar para você ficar bom. E se for possível, vou ter uma conversa muito séria com Deus.

— Dizem que Deus gosta muito dos palhaços porque eles fazem as crianças felizes e Deus gosta das crianças.

— Fico feliz em saber disso. Então, se Deus gosta mesmo de mim, espero que Ele atenda ao meu pedido.

Yuri olhou sério para o amigo ainda ajoelhado à sua frente e Fred pensou ter visto uma expressão de esperança no rostinho dele:

— Mas você acha que consegue falar com Deus?

— Sinceramente? Acho que vai ser difícil. Mas a minha esperança é que tenho uma grande amiga que parece ser muito amiga dEle e tenho certeza de que ela pode levar meu recado.

— Isso é muito legal, cara. Obrigado, viu?

Fred passou a mão pela cabeça do menino:

— Quer saber mais? Quando eu tiver um filho, espero que ele seja como você, igualzinho.

Yuri mostrou um sorriso orgulhoso:

— Legal, cara. Fico realmente feliz em saber disso. — Olhou para os lados. — Mas agora eu vou entrar antes que a enfermeira Graça descubra que fugi de novo.

— Vai lá. Saiba que é sempre um prazer vê-lo, amigo.

— Eu também gosto de te ver.

Depois que Yuri desapareceu manobrando a cadeira pela pequena rampa que dava acesso ao interior do hospital, Fred se afastou e se escondeu para chorar, oculto pelos arbustos do jardim.

Na parte da tarde, deu tudo de si como artista. Queria que todos sentissem, ao vê-lo, a mesma alegria que certamente estaria sentindo o pequeno Yuri. Foi aplaudidíssimo, inclusive pelos adultos.

***

À noite, em seu quarto, abriu outra garrafa de vinho. Ainda não era suficientemente forte para administrar as emoções da vida e da morte, que significava perda.

No escuro do quarto, num canto discreto, sem ser visto, o espírito de Ludmila olhava-o e orava por ele, com muita emoção. Ela estava especialmente feliz por perceber que Fred continuava o mesmo grande sujeito que ela conhecera em vidas passadas.

Só que ele tinha outro nome.

***

Na quarta-feira Fred chegou um pouco mais cedo à lanchonete da biblioteca, por causa de sua ansiedade em rever Ludmila.

A supervisora sorriu ao vê-lo pegar o mesmo livro, o da biografia de Shakespeare, Fred sentou-se à mesma mesa da lanchonete e ficou fingindo ler por um longo tempo.

Na sua ansiedade, parecia-lhe que nunca os ponteiros do relógio foram tão lentos para avançar.

Esperou por mais de uma hora além do horário habitual dos encontros, mas, para sua decepção, Ludmila não apareceu.

Quando a garçonete foi retirar o prato que usara para lanchar, ele perguntou a ela, por desencargo de consciência:

— Desculpe lhe perguntar, moça, mas você está sempre aqui a esta hora?

Ela sorriu:

— Há três anos, moço, sem faltar um dia sequer.

— Legal, isso é muito raro hoje em dia. Deixe-me perguntar uma coisa: por acaso você viu se hoje apareceu aqui e se sentou à mesa aquela moça que toda quarta-feira se encontra comigo, mais ou menos neste mesmo horário?

Ela olhou para os lados antes de responder:

— Olha, moço, sempre tenho visto o senhor aqui, nesta mesa, às quartas-feiras. Mas o senhor sempre esteve sozinho.

Fred ficou alguns segundos olhando para a moça, como se estivesse duvidando de que ouvira certo:

— Desculpe, acho que você não me entendeu. Eu ficava quase uma hora ou mais conversando, aqui nesta mesma mesa, com uma moça bem branca, de cabelos negros, bastante longos.

A garçonete parecia muito segura do que afirmava:

— Bem, como eu disse, todas as vezes que o vi, o senhor estava sozinho. O livro ficava aberto, mas tive a impressão de que quase não lia. Às vezes, fazia um lanche rápido, mas na maior parte do tempo ficava falando sozinho.

O choque de Fred foi tão grande, que, sem perceber, elevou o tom da voz:

— O quê? Eu ficava falando sozinho?

A moça quis suavizar o comentário:

— Ficava, mas eu sempre pensei que talvez estivesse decorando alguma coisa do livro, não era isso?

Fred estava começando a se irritar com a garçonete, mas falou ainda calmamente:

— Não, querida, eu conversava com a moça.

— Então me desculpe, mas eu não a vi, hora nenhuma.

Fred foi insistente, na sua angústia:

— Nem hoje ela apareceu?

— Nem hoje, nem nas outras quartas-feiras, senhor, pelo menos que eu visse e, como lhe disse, estou aqui há três anos. Aprendi a memorizar o rosto dos clientes. — Sorriu timidamente. — E não costumo errar.

Fred pensou confuso: "Ela não deve ter observado direito. Claro que eu estive acompanhado e conversando com minha amiga aqui nesta lanchonete e nesta mesa. Tenho certeza de que essa moça está completamente enganada.".

Mas, naquele momento, Fred se lembrou das palavras de Josiane: nem todas as pessoas conseguem ver os espíritos. E se Ludmila fosse mesmo um espírito? Isso explicaria porque a garçonete não a vira dia nenhum.

Meio sem jeito, desculpou-se com a moça, agradeceu e levantou-se, depois de pagar a conta.

Para se consolar um pouco, Fred foi ao Museu de Arte "rever" Ludmila, ainda que nas fotos e nos filmes antigos.

Ao deixar o museu, percebeu que o efeito daquela visita foi muito pior do que ele esperava: em vez de se consolar, ficou muito triste por ver a "sósia" de Ludmila, não a original. Considerando que já estava abatido pela ausência de Vânia, ficou emocionalmente arrasado. Mais do que nunca, sentia--se só, abandonado.

Talvez em circunstâncias normais, qualquer homem relativamente equilibrado administraria bem melhor a situação pela qual Fred estava passando, mas as circunstâncias não eram exatamente normais. Sem que ele soubesse, eram as cicatrizes da vida passada que se reabriam, como feridas mal curadas.

Foi para seu apartamento e jogou-se na cama. Não sabia o que fazer, apenas não queria fazer nada durante muito tempo.

Absolutamente nada.

***

Fred acordou com um péssimo humor, sentindo todo o corpo dolorido. Imaginou que deveria ter somatizado todas as preocupações do mundo.

O pior de tudo foi ligar para o diretor do hospital oncológico, responsável pelo seu trabalho lá:

— Doutor Josias, lamento dizer isso, mas não estou bem de saúde. Não poderei sair nos próximos dias e, provavelmente, não conseguirei ir na terça. Acho que nem ao teatro irei.

O médico sorriu:

— Fred, isto aqui é um hospital. Se você não está bem de saúde, aqui é justamente o lugar para onde você deve vir.

Diante da consistente resposta, Fred não tinha como contra-argumentar e resolveu falar a verdade:

— Eu sei, doutor, o senhor está certo, mas acontece que o meu caso não é exatamente de saúde física.

— Não é de saúde física? Bem, não quero ser indiscreto, Fred. Por isso nem vou perguntar do que se trata.

— Agradeço-lhe muito, doutor. Prometo que numa hora dessas conversaremos a respeito.

O médico conhecia bem Fred e sabia que era uma pessoa muito sensível e emotiva. Naquele momento, lembrou-se da expressão francesa "*Cherchez la femme*!", que é usada quando se quer dizer que há uma mulher envolvida na história. Mesmo imaginando que seria esse o problema, resolveu insistir, para ver se conseguia fazê-lo mudar de ideia:

— Tudo bem, mas saiba que você deixará dezenas de crianças tristes com sua ausência. Elas ficam ansiosas e contam os dias para vê-lo.

— Eu sei, doutor. Mas acredite, se eu tivesse um mínimo de condições, eu não iria fazer essa desfeita para elas. Espero que me perdoem quando eu me recuperar e voltar.

— Eu também espero. Mas você tem absoluta certeza de que não posso ajudá-lo em nada?

— Agradeço muito sua boa vontade, doutor, mas desta vez não dá. É uma situação nova para mim e não estou sabendo lidar com ela. Algo parecido com uma crise depressiva.

— Nós temos vários psicólogos e psiquiatras aqui no hospital. Não gostaria de conversar com algum deles?

— Prometo que pensarei nessa sugestão e falarei com o senhor quando tomar uma decisão.

— Se é assim... Mas me ligue se precisar de alguma coisa.

— Sem dúvida. Obrigado, doutor.

E ficou lamentando sua vida: estava longe da namorada, perdera a amizade da moça da biblioteca e talvez tivesse perdido até a amizade de Josiane.

***

À noite, Fred fez toda a força do mundo, usou de todos os exercícios de relaxamento que conhecia para conseguir dormir. Ele sabia que, a despeito de todas as suas tristezas e inseguranças, precisava focar sua atenção e seu esforço nos espetáculos do fim de semana.

Afinal, era um ator.

E também havia tomado uma decisão que lhe pareceu útil: nas próximas noites, acompanharia os colegas aos restaurantes, para jantar, ao final das apresentações e assim se distrair um pouco e conseguir dormir mais facilmente, depois de algumas cervejas.

Segunda-feira pensaria no que fazer de sua vida.

CAPÍTULO 17

A segunda-feira começou com uma surpresa.

Fred não esperava pelo telefonema que recebeu logo pela manhã, um pouco antes do horário do almoço. Foi pego totalmente de surpresa. Era uma vozinha fina, frágil, certamente de criança:

— Fred?

— Sim. Quem fala?

— É seu amigo Yuri.

Surpreso, Fred sentou-se na cama e se esforçou ao máximo para que sua voz parecesse normal:

— Olá, meu amigão, que surpresa agradável ouvir você!

Pela voz, Yuri parecia preocupado:

— O que você tem, Fred? O diretor falou para minha mãe que você talvez não venha amanhã porque não está passando bem. E ela viria aqui nesse horário só para conhecê-lo, de tanto que eu falo sobre você.

— Puxa, amigão, que pena.

Pela voz, Yuri agora parecia triste:

— Fred, você me disse outro dia que não ia nos deixar.

— Não vou deixá-los, amigo. É que não estou bem de saúde. De verdade. Se eu pudesse, estaria aí com vocês, acredite. Acredito que em uma semana eu já tenha condições de voltar.

— Está tão mal assim a ponto de não vir?

— Estou, amigo.

Yuri fez uma breve pausa e então disse algo que atingiu Fred no mais íntimo do seu ser:

— O que você tem é pior do que o que eu tenho?

Fred engoliu em seco. Parecia ter tomado um soco no rosto:

— Não, não é. Yuri, meu amigo, me perdoe. — E Fred não conseguiu segurar as lágrimas.

— Você está chorando, Fred?

— Estou envergonhado por ter de faltar. Meu motivo é tão pequeno diante de tantos outros.

— Então você poderia vir.

— Poderia, amigo, mas seria um palhaço triste.

Outra frase que tocou Fred bem fundo:

— Os palhaços também ficam tristes algum dia, Fred.

— É verdade, amigo, eles também são humanos. Mas não sei se vocês gostariam de me ver assim.

— Eu não me importaria. E acho que meus amigos também não iriam achar ruim. Eles iriam procurar consolá-lo e talvez a gente é que fizesse o papel de palhaço para ver você sorrir.

Era demais. Fred sentiu que ia desabar novamente em um choro convulsivo. Preferiu se despedir logo. Fungou e tentou dar um tom natural à voz:

— OK, Yuri, eu vou tentar melhorar logo.

— Está bem, Fred, eu vou rezar para você melhorar. E fique certo de que amanhã todas as crianças daquela ala vão estar em silêncio, olhando para a porta de entrada, esperando você chegar.

"Que vergonha, meu Deus!", pensou Fred, condenando-se.

Sentiu um enorme alívio, quando desligou o telefone.

Fred tentou dormir mais um pouco para ver se se esquecia de tudo, do fim da amizade de Ludmila, da ausência de Vânia, da vergonha que sentiu quando Yuri lhe telefonou, mas infelizmente não conseguiu. Ficou revirando na cama, inconsolável.

As surpresas do dia não haviam acabado. Quase no fim da tarde, Fred recebeu uma visita absolutamente inesperada. Estava deitado, olhando para o teto, quando o interfone tocou.

Com enorme má vontade, foi atender à chamada:

— Sim?

— Senhor Fred, tem uma visita para o senhor.

— Visita?

— Sim, uma senhora.

— Isso é muito estranho, não estou esperando ninguém. Por favor, pergunte a ela do que se trata.

Fred aguardou pela resposta, irritado:

— Ela diz se chamar Natasha e é a mãe do seu amigo Yuri.

Fred levou um choque, não queria receber visitas, não queria ver ninguém, mas não podia impedir a mãe de Yuri de subir:

— Ah, já sei quem é. Pode deixá-la subir.

Rapidamente, Fred ajeitou-se o quanto pôde. Penteou os cabelos e colocou uma camiseta menos amassada.

Quando a campainha tocou, ele se sentiu muito nervoso e ao mesmo tempo constrangido. Abriu a porta e teve uma enorme surpresa e um choque maior ainda.

A tal Natasha, mãe do Yuri, era muito parecida com Ludmila, a moça da biblioteca. Não a ponto de parecer gêmea, nada disso, até porque devia ter alguns anos a mais que Ludmila. Mas seus traços, a pele muito alva, os cabelos negros caídos sobre os ombros, os lábios finos e vermelhos e os profundos olhos azuis, lembravam muito sua amiga.

Ela ficou parada à porta, olhando para ele, com um sorriso meio constrangido, embora bonito:

— Fred? Você é o Fred, o ator?

Ele levou outro choque. Que coisa incrível! A voz, sim, era a mesma de Ludmila: suave, sussurrante, clara.

Fred se esforçou para fazer uma expressão gentil:

— Sim, eu mesmo.

— Eu sou Natasha, a mãe do Yuri.

Fred forçou um sorriso gentil:

— Ah, a mãe do meu amigo Yuri. Por favor, pode entrar. Desculpe-me pela desarrumação do apartamento, eu não esperava visitas.

— Não se importe com essas coisas, Fred. Eu não ligo. Mas a culpa é minha por não o ter avisado antes.

— Tudo bem. Entre, por favor, vamos nos sentar.

Sempre tímida, Natasha entrou. Sentaram-se no mesmo sofá, lado a lado, e Fred ficou esperando que ela se manifestasse:

— Soube pelo diretor do hospital que você não estava passando bem. Como ficamos todos preocupados, ele me deu seu endereço e vim lhe fazer uma visita de cortesia, a pedido do meu filho, para saber se está precisando de algo. Espero não estar sendo inoportuna.

— Não, de forma alguma. Você disse que foi o Yuri quem pediu para você vir aqui?

Ela sorriu:

— Na verdade, ele me intimou a vir. Confesso que fiquei com receio de incomodá-lo.

Observando melhor a visitante, Fred percebeu que Natasha era uma mulher linda. Tinha um belo sorriso e um olhar muito penetrante. Sentiu que deveria ser gentil com ela:

— Ora, Natasha, fico-lhe muito agradecido. Não precisava ter se incomodado, foi muita gentileza sua.

Ela pigarreou e começou:

— Fred, antes de qualquer coisa, eu preciso lhe dizer algo muito importante.

— Fique à vontade.

— Yuri é louco por você.

Fred sorriu, desta vez, com sinceridade:

— Yuri é meu amigo de verdade. É um excelente garoto, muito inteligente. Também gosto muito dele.

Ela insistiu delicadamente:

— Talvez você não tenha me entendido bem ou eu não tenha sido suficientemente clara. Ele não apenas gosta de você. Ele é louco por você e quer ser ator, quando crescer, por sua causa.

Fred controlou-se para não se emocionar:

— Eu não sabia que ele me levava tão a sério dessa forma.

O rosto dela ficou subitamente triste:

— Mas, como você deve saber, se não acontecer um milagre, se a medicina não encontrar uma cura, ele não vai conseguir realizar esse sonho. — Tirou um lencinho da pequena bolsa que estava no colo e enxugou discretamente algumas lágrimas. — Desculpe. Isso é tão injusto. Não sei mais o que fazer para encontrar ajuda.

Fred aguardou que passasse aquele momento de emoção dela:

— Não se preocupe, Natasha, também já chorei muito por causa do Yuri. Seu estado me comove.

Refeita, Natasha prosseguiu:

— Talvez ele veja em você uma espécie de pai. O pai dele nos abandonou quando Yuri tinha apenas três anos. Por isso, ele não tem nenhuma referência de uma figura masculina que seja amigo, que converse com ele, que goste dele. Quero dizer, ele não tem uma referência paterna. Nem um avô ele tem. Meu pai morreu antes de ele nascer. Moramos com minha mãe, que é muito carinhosa com ele, mas não substitui um pai. Talvez, por isso, ele se apegou tanto a você.

— Eu fico muito honrado com isso, Natasha. Sinceramente, queria fazer mais pelo meu amiguinho.

— Você pode, Fred. Ele está inconsolável por que soube que você talvez não vá ao hospital amanhã.

Fred ficou desconcertado, sem saber direito o que dizer:

— Bem, é muito cedo para afirmar isso, mas, de fato, eu...

Natasha o interrompeu:

— Fred, como lhe disse, Yuri praticamente me intimou a vir aqui. Por isso, o diretor concordou em me dar seu endereço. Ele e meu filho acharam que talvez você precisasse de alguma ajuda, mas como você não quis ir ao hospital como o diretor sugeriu, tomei a liberdade de vir aqui. Desculpe-me se invadi sua privacidade.

— Nem pense nisso, Natasha. Eu tenho mais é que lhe agradecer por ter tido esse trabalho.

— Não sei qual problema o aflige, mas, dentro das minhas possibilidades, se puder ajudar, conte comigo.

Fred levantou-se e foi pegar água para ele e para a visitante. Trouxe-a numa bandeja e voltou a sentar-se. Sentiu que podia compartilhar com ela o que estava sentindo:

— Sabe, Natasha, você é adulta, já foi casada e vai compreender o que vou lhe dizer. Não poderia abrir meu coração para qualquer pessoa, mas sinto que em você posso confiar inteiramente. — Fez uma pausa para beber um pouco de água. — Meu problema não é de saúde. Quero dizer, não é físico.

— Não estou entendendo, Fred.

— Já lhe explico. Há três anos namoro uma garota, por quem sou realmente apaixonado. Ela é médica pediatra e foi fazer um curso de especialização de seis meses em Londres. Não preciso dizer que estou morrendo de saudades, embora nem tenham se passado três meses. A saudade mata a gente, amiga.

Natasha sorriu com compreensão:

— Isso acontece com quem ama.

— Para completar, conheci uma moça que se tornou rapidamente minha amiga e estávamos tendo conversas muito agradáveis e inteligentes, como eu gosto.

— Pois então, Fred, já é um consolo, uma maneira agradável de passar o tempo enquanto sua namorada não volta.

— Realmente seria uma maneira muito agradável de passar o tempo se nós não tivéssemos tido um desentendimento e nos separado, zangados um com o outro. Ontem seria o dia de nossas conversas, mas ela não apareceu. Nem sei se vou voltar a vê-la. Estou duplamente abandonado.

Instintivamente, Natasha colocou sua mão sobre a dele:

— Fred, não quero consolá-lo, quero apenas compartilhar minha história. Eu o entendo perfeitamente por que também já fui abandonada, como lhe disse. Portanto, compreendo muito bem como você deve estar se sentindo pela falta da namorada e da amiga.

— Acredito. É uma sensação de perda terrível.

— E eu estava numa situação bem pior, desculpe lhe dizer isso, por que eu tinha um filho de três anos para criar sozinha e uma mãe idosa para cuidar. Eu nasci na Rússia, meus pais me trouxeram para o Brasil quando ainda era pequena. Cresci aqui, na comunidade russa. Mas quando casei, meu marido me afastou dos meus pais e da comunidade, por ciúmes, e quando me deixou, eu já não tinha mais amigos a quem pedir ajuda.

— Como você superou essa situação?

— Confesso-lhe que, num primeiro momento, eu queria morrer. E certamente foi meu filho quem impediu que eu fizesse uma bobagem dessa. Reuni todas as minhas energias para sobreviver com dignidade e dar ao meu filho uma vida minimamente digna e confortável. Ainda bem que tinha minha mãe para cuidar do Yuri, enquanto eu saía para procurar trabalho. Não foi nada fácil.

— A gente fica mesmo arrasado, principalmente, quando é pego de surpresa como eu fui.

— Na verdade, Fred, nunca é de surpresa. Toda relação, quando começa a se desgastar, emite sinais. Pequenas brigas, discussões por motivos fúteis, impaciência com o outro, coisas assim. A gente, por amor, é que não vê ou não quer ver esses sinais. Só depois de tudo acabado é que algumas coisas do passado começam a fazer sentido e você se pergunta: mas como foi que eu não percebi isso antes?

Fred sentiu-se compreendido por aquela mulher:

— Natasha, você está dizendo uma grande verdade. Acontece exatamente isso comigo. As pessoas me perguntam como é que meu namoro está durando tanto tempo, já que eu e a Vânia somos completamente diferentes um do outro. Eu percebo isso, mas sempre acredito que vai dar certo.

Ela mostrou um sorriso triste:

— Aconteceu comigo também, meu caro.

Ficaram em silêncio por alguns segundos, olhando para o copo em suas mãos. Pareciam refletir sobre o que foi dito.

Fred quebrou o silêncio:

— Foi muito bom ter conversado com você, Natasha. Não só desabafei, como percebi que essas coisas acontecem com todo mundo.

— É verdade.

Ambos se levantaram do sofá, mas a visitante ainda tinha algo para falar:

— Fred, não quero ser invasiva nem impertinente, mas...

Ele intuiu o que ela ia falar e interrompeu-a:

— Já sei o que você vai pedir, Natasha, mas nem precisa. Eu vou melhorar logo e amanhã estarei no hospital. Pode dizer ao Yuri que eu vou vê-lo, e que vou me apresentar para todas as crianças de lá, e especialmente para ele.

— Fred! — Ela não resistiu e abraçou-o emocionada. Fred também se emocionou. Fazia tempo que ele não recebia um abraço assim, tão caloroso, tão carinhoso e espontâneo.

Naquela noite, Fred conseguiu dormir melhor.

CAPÍTULO 18

Na terça, Fred acordou animado e foi com esse estado de espírito que seguiu para o hospital.

Depois que se caracterizou devidamente com sua roupa de palhaço e o violino, foi direto para o quarto de Yuri, no meio da algazarra das outras crianças, quando o viam.

Natasha também estava lá. Os olhos de Yuri se arregalaram e brilharam quando ele viu Fred entrando no quarto. Deu um grito com as poucas forças que sua doença permitia:

— Fred, meu amigo! Você veio!

Yuri estivera deitado na cama, mas quando viu Fred fez um esforço enorme e ficou de joelhos.

Fred correu, sentou-se ao seu lado e abraçou-o carinhosamente, diante dos olhares admirados das demais crianças. Para elas, Fred era tio de Yuri, e assim não se sentiam de lado, vendo a proximidade dos dois.

— Eu sabia que você não faltaria. Olhe só para a carinha de alegria das crianças: estava todo mundo o esperando.

— Agradeça à sua mãe. Ela teve uma conversa séria comigo e me fez recuperar as forças rapidamente. Você tem uma mãe maravilhosa, cara. Por isso, eu amo vocês dois.

Nunca Fred se entregara tanto ao seu trabalho de palhaço violinista como naquele dia. Estava principalmente orgulhoso, porque agora, depois das palavras do pequeno Yuri e da misteriosa Ludmila, em um dos encontros na lanchonete da biblioteca pública, sabia o quanto era importante para aquelas crianças.

Ele fez aquela apresentação especialmente dedicada àquelas três pessoas e talvez tenha sido isso que lhe deu tanta graça e energia.

Natasha não cabia em si de contente, vendo o filho tão feliz. Estava muito emocionada e também orgulhosa por que sabia que contribuíra para que Fred fosse ao hospital.

Depois, Fred foi percorrer o corredor para que as outras crianças pudessem vê-lo também. Na mesma hora, Yuri pediu à mãe que o colocasse na cadeira de rodas, pois ele queria acompanhar toda a apresentação do amigo. E assim foi feito, depois de autorizado pelo médico que acompanhava o tratamento do garoto.

No final, Natasha empurrou a cadeira de rodas até a lanchonete por sugestão de Yuri, que queria oferecer um lanche a Fred.

— Coma alguma coisa, Fred, você deve estar com muita fome. Seu trabalho deve cansá-lo muito.

— Cansa mesmo, amigo, mas faço com prazer. Para ver sorrisos como o seu, por exemplo.

— Estou lhe oferecendo o lanche. Eu não posso comer porque tenho uma dieta especial, mas você pode escolher o que quiser.

Fred brincou:

— Você paga?

O garoto acariciou o rosto da mãe:

— A mamãe paga com a minha mesada.

Fred estava feliz vendo a disposição do garoto:

— Seu filho é maravilhoso, Natasha. Quando eu tiver um, quero que seja como o Yuri, igualzinho.

Yuri sorriu orgulhoso e falou para a mãe:

— Ouviu, mãe? Eu não lhe disse que meu amigo tinha me falado isso?

— Verdade. Você me disse isso e eu achei que era brincadeira sua.

Yuri fez uma pergunta inesperada:

— Fred, você gostou da minha mãe?

— Mas é claro que sim, amigo! Um garoto tão inteligente e legal como você só poderia ter uma mãe também tão inteligente e legal como Natasha.

— Vocês vão ser amigos?

Natasha enrubesceu:

— Filho, não faça essas perguntas. Amigos a gente escolhe por conta própria e não por indicação de alguém.

Fred interveio:

— Pois eu acho que você fez muito bem de perguntar, Yuri. Se sua mãe aceitar, seremos grandes amigos, sim.

O menino abriu um largo sorriso:

— Para sempre?

— Para sempre, pode acreditar.

— Que bom. Assim, de onde vou estar, saberei que vocês estarão perto um do outro. E com certeza estarão falando de mim.

Natasha e Fred tentaram esconder a grande emoção ao ouvir aquelas palavras de Yuri:

— Pode ter essa certeza, amigão. Mas lembra o que lhe falei outro dia? De que o jogo ainda não acabou?

— Lembro, sim. Já aprendeu a rezar?

Fred riu:

— Estou aprendendo.

Natasha estava curiosa, acompanhando aquele diálogo:

— Posso saber sobre o que vocês estão falando?

Yuri foi categórico:

— Não, mãe, é segredo meu e do Fred.

— Opa, me desculpem, não quero ser intrometida. Mas agora, filho, vamos voltar para o quarto porque está na hora da medicação. Além disso, você precisa descansar, filho. — E se emocionou mais uma vez.

Fred também segurou as lágrimas e Natasha colocou sua mão sobre a dele, por ter notado sua emotividade.

Yuri percebeu a situação:

— Não se preocupe, mamãe. Meu amigo Fred chora facilmente. Mas passa logo, pode acreditar.

Diante disso, o casal teve que rir.

Os três seguiram para o quarto de Yuri.

Quando Fred resolveu ir embora, Yuri já estava dormindo, em parte pelo efeito dos medicamentos.

Como a enfermeira estaria no quarto o tempo todo, Natasha convidou Fred para conversar um pouco.

Sentaram-se no banco, perto do jardim, aquele mesmo em que Fred e o amiguinho conversavam.

Tão logo se sentaram, Natasha desatou a chorar. Fred passou um braço em torno dos ombros dela e esperou pacientemente que ela desabafasse. A situação não era fácil.

— Desculpe, Fred. É que não posso me mostrar fraca na frente dele. Aproveito quando ele não está perto para desabafar.

— Eu entendo, Natasha, não precisa se desculpar. Imagino como deve ser doloroso para você acompanhar o drama dele.

— Você não imagina como, amigo. Essa doença veio de repente. No começo, eu não quis acreditar. A gente nunca espera que essas coisas aconteçam conosco. Depois de confirmada, tentei de tudo, procurei muitos médicos, conversei com eles, pessoalmente ou por telefone, li muito, pesquisei, assisti a várias palestras... mas não houve jeito de encontrar um caminho. Estou com muito medo... — e voltou a chorar.

— Natasha, não tenho filhos, mas imagino que não haja dor maior para uma pessoa do que a perda de um.

Ela balançou a cabeça, ainda chorando:

— Não há, pode ter certeza.

— O pai dele sabe dessa situação?

— Não sabe de absolutamente nada. Quando nos abandonou, apaixonado por outra mulher, nunca mais deu notícias, nem quis nos ver ou saber como estávamos. Não consigo entender como alguém pode fazer isso. É muita falta de amor e sensibilidade.

— Eu também não entendo. É um absurdo. Ele não vai ter a oportunidade de conhecer a criança maravilhosa que você criou.

Conversaram até o começo da noite.

Natasha era secretária em uma pequena indústria de eletrodomésticos. Tinha pedido uma dispensa naquele dia para assistir à apresentação de Fred e ver o filho por mais tempo. Habitualmente, só o via quando saía do trabalho.

Natasha chegou a pensar em pedir demissão, mas, como o ex-marido não pagava pensão, não poderia abrir mão do emprego, sua única fonte de renda.

Havia três meses tirara férias e fora com Yuri para a Disney, a pedido dele. Essa seria uma das mais felizes recordações que teria dele, pois se divertiram bastante. Na volta ao Brasil, os primeiros sintomas da doença começaram a surgir: anemia, palidez, sangramentos.

Assim que o diagnóstico foi confirmado, Natasha tratou de providenciar o tratamento para o filho.

— Felizmente, o convênio médico que tenho pela empresa autorizou trazê-lo para este hospital e ele logo iniciou o tratamento. Os médicos estão avaliando o caso para definir os próximos passos.

— Uma coisa é certa: não podemos perder a esperança, Natasha. Não sei se você sabe, mas atualmente o índice de sucesso nesses tratamentos é bem alto, sobretudo, quando o diagnóstico é feito precocemente.

— Tenho muita fé, Fred. Mas confesso que nunca imaginei que isso pudesse acontecer com o Yuri. A gente sempre acha que essas coisas só acontecem com os outros.

Fred tomou uma decisão por amor ao garoto:

— Natasha, sei que você já pesquisou bastante sobre a doença, mas ajuda nunca é demais: vou pesquisar também tudo o que for possível sobre as formas existentes de tratamento. Devido ao meu trabalho com as crianças no hospital, tenho feito excelentes amizades com muitos médicos, incluindo pediatras. Falarei com cada um deles, se for preciso. Inclusive, esse é um hospital de referência nesses tratamentos. Enquanto isso, vamos nos manter em contato.

— Fred, fico muitíssimo grata a você, mas não quero atrapalhar sua vida. Sei que você tem uma carreira importante, precisa de ensaios, leitura... Seu tempo deve ser muito corrido. Aceito sua ajuda, mas, ao mesmo tempo, não quero atrapalhar.

— Nem pense nisso, Natasha. Esses contatos não vão me atrapalhar em nada. O importante é que eu amo o Yuri e pode estar certa de que farei o meu melhor para ajudá-lo.

Ela pôs a mão no seu ombro:

— Não sei como lhe agradecer, Fred. Depois que meu ex-marido me deixou, não tenho mais ninguém com quem possa contar ou que queira me ajudar. Minha mãe faz o possível, mas já é idosa e tem seus limites. Foi Deus que colocou você em nossas vidas. Serei eternamente grata. — E tornou a abraçá-lo emocionada.

— Também não pense nisso, Natasha. Sei que você está focada no tratamento do Yuri e isso deve estressá-la muito. Se quiser passar uns momentos agradáveis, vá assistir à minha peça, que está em cartaz de quinta a domingo, à noite. É só me avisar o dia que farei a reserva. Se você for sozinha, preferia que fosse uma sexta-feira ou sábado para que a gente pudesse ir jantar depois do espetáculo, sem você se preocupar em acordar cedo para trabalhar, no dia seguinte.

— Vou ver se dá para ir e falo com você. Na atual circunstância, não sei se vou ter cabeça para isso.

— Natasha, não quero parecer insensível, mas lembre-se de que, à noite, Yuri estará no hospital, em ótimas mãos, cuidadosas e competentes. Portanto, não precisa se sentir culpada por ir ao teatro relaxar um pouco. Você está precisando disso.

Fred deu carona a Natasha até sua residência. Antes de se despedir, ela lhe disse com sinceridade:

— Fred, não posso deixar de parabenizá-lo pelo seu trabalho no hospital, que assisti hoje, pela primeira vez. Você foi maravilhoso e percebi que as crianças têm verdadeira adoração por você. Parabéns mais uma vez. — E deu-lhe um carinhoso beijo na face.

Ao chegar em casa, Fred ligou imediatamente para sua amiga Josiane:

— Oi, amiga. Não precisa mais falar com o diretor: vou atuar normalmente nas apresentações. E já estive no hospital hoje. Já passou a tristeza.

A reação dela foi de sincera euforia:

— Uau! Este é o Fred que conheço! Que ótimo! Mas o que aconteceu para essa mudança súbita?

— Ah, amiga, muita coisa. Depois lhe conto.

— Por acaso foi obra da moça da biblioteca?

— Negativo. Aliás, faz tempo que não a vejo.

— Não me diga que já tem outra no pedaço.

— Não seja curiosa, Josi.

Ela fingiu ralhar com ele:

— Fred, você é um pervertido!

— Até amanhã, amiga. Liguei só para tranquilizá-la. — E desligou sorrindo.

Em seguida, Fred ligou para seu pai.

Benício era uma pessoa simples, mas durante toda sua vida lera bastante, principalmente material ligado à medicina. Fred achava que seu pai devia ter uma enorme frustração por não ter estudado medicina, ou pelo filho ter decidido seguir a carreira artística. De qualquer forma, achava que ele sempre poderia dar alguma sugestão útil.

— Oi, filho, que surpresa!

— Oi, pai! De vez em quando mostro que estou vivo.

— Continue fazendo isso, sempre.

— Pai, preciso de uma opinião ou sugestão sua.

— Vamos lá. Se estiver ao meu alcance...

— O filho de uma amiga minha, de apenas sete anos, está com leucemia. No momento, ele está hospitalizado. A mãe, claro, está desesperada. Tenho ouvido e lido que o índice de resultados positivos no tratamento dessa doença tem sido alto. O que o senhor sabe a respeito?

— É verdade. Também tenho acompanhado essas notícias. Você sabe que tenho predileção pelo noticiário médico.

— Por isso que me lembrei de consultá-lo antes de procurar algum médico. Quando fizer isso, já quero ir com algum conhecimento sobre o assunto.

— Olha, filho, tenho uma ideia melhor. Por mais que eu tenha lido a respeito, continuo sendo um leigo. Desde o tempo em que sua mãe e eu organizávamos reuniões espíritas, fiz uma grande amizade com eminentes médicos oncologistas. Mas tenho a impressão de que o próprio hospital onde o garoto está em tratamento, sendo uma entidade de referência no assunto, avaliará o caso e tomará a decisão mais adequada e eficiente. Esse é um procedimento padrão. Quer ver? Procure o médico que está cuidando do garoto. Estou certo de que ele lhe dará os esclarecimentos necessários, com muito mais conhecimento de causa que eu.

— Puxa, pai, isso é uma enorme dose de esperança. Vou fazer isso. Obrigado mesmo, o senhor sempre tem boas ideias.

— Espero que dê tudo certo. Depois me dê um retorno do que conseguiu saber.

— Com certeza, pai. Valeu.

CAPÍTULO 19

Quarta-feira era o dia que, geralmente, Fred ia à biblioteca encontrar-se com Ludmila. Mas, diante dos últimos acontecimentos, ele nem se lembrou disso. E se lembrou, não deu maior importância, porque tinha certeza de que ela, outra vez, não iria aparecer.

Assim, preferiu voltar ao hospital e tentar falar com o médico que estava cuidando de Yuri.

Não foi fácil, por que o médico era muito ocupado, mas como Fred não tinha compromisso, esperou pacientemente até que o doutor André Luiz pudesse atendê-lo.

Ele recebeu Fred com muita simpatia. Já devia ter completado 70 anos, mas era jovial e bem-humorado.

— Finalmente, podemos conversar com mais tranquilidade.

— Como vai, doutor?

— Vou bem. Vejo que você vem desenvolvendo um bom trabalho com as crianças doentes no hospital. Parabéns, meu jovem, é uma atitude muito louvável, principalmente para quem tem outros afazeres, pois sei que você trabalha com teatro.

— O que faço é apenas uma modesta contribuição para tentar dar a elas um pouco de alegria e felicidade.

— Modesto é você. Trata-se de uma grande contribuição. O bem-estar emocional tem uma grande influência para a cura de qualquer doença. E a alegria é um dos seus principais componentes.

— Agradeço muito seu reconhecimento, doutor.

— É merecido. Mas vamos lá, em que posso ajudá-lo?

— Tenho a informação de que o senhor está cuidando do caso do filho de uma amiga minha, o Yuri, um garoto de sete anos.

— Ah, o fantástico Yuri. Sei quem é e de fato ele está sob minha responsabilidade. Há dias iniciamos o tratamento com ele.

— Eu me comprometi com a mãe dele que conversaria com o senhor sobre a situação dele e quais são os planos para seu tratamento. Natasha, a mãe de Yuri, está desesperada achando que se trata de um caso perdido. Não sei se estou enganado, mas segundo tenho lido, o índice de cura no tratamento dessa doença tem sido relativamente alto. Se não for contra a ética, será que o senhor pode dizer algo a respeito?

— Bom, Fred, em primeiro lugar, precisamos saber de qual tipo de leucemia estamos falando. Sabemos que o tipo mais frequente nas crianças é a linfoide aguda. Seus sintomas costumam ser anemia intensa, sangramentos e infecções. Para estes casos, o transplante de medula óssea vem tendo resultados extraordinários.

— Transplante de medula óssea? Confesso nada saber a respeito. Como funciona esse transplante, doutor?

— Veja, há dois tipos de transplantes de medula óssea: o halogênico, no qual o paciente recebe a medula de um doador compatível, e o autólogo, no qual é usada a medula do próprio paciente, o que minimiza ou até elimina o risco de rejeição.

— Muito interessante. Mas como a criança costuma reagir a esse processo que, segundo imagino, deve ser doloroso e delicado?

— Meu caro Fred, é impressionante como as crianças reagem bem a esse tratamento. Se bem orientadas, elas possuem uma enorme capacidade de aceitar e se adaptar às diversas etapas, chegando mesmo a considerá-las como uma rotina.

— Que coisa fantástica! E será que conseguiríamos fazer esse transplante no caso do Yuri?

— Há algumas condições físicas necessárias. Antes de lhe dar essa resposta, preciso concluir os exames que já iniciamos e pedir alguns outros. Se ele estiver apto, entraremos com a medicação preparatória. É importante saber que depois do procedimento, o sistema imunológico do garoto ficará bem baixo. Ele deverá ficar de repouso por uns 10 dias para evitar qualquer infecção. Não poderá receber visitas durante esse período. Terá uma dieta especial e alguns efeitos colaterais. E terá que tomar todas as vacinas necessárias.

Fred sentiu que começava a surgir uma luz no fim do túnel:

— Doutor, imagino que isso seja muito caro. Nem eu nem a mãe do Yuri temos condições...

O médico interrompeu-o educadamente, sorrindo:

— Não se preocupe com essa parte. O convênio cobrirá os custos, não é a primeira vez que fazemos esse procedimento. Eu cuidarei de tudo, pois para seu conhecimento, eu mesmo farei o transplante no garoto, contando com uma equipe muito competente.

— E o que falta para que essa cirurgia seja realizada?

— Precisamos aguardar o resultado dos exames para saber se ele está apto. Saberei disso dentro de mais alguns dias. Somos muito cautelosos e exigentes; daí a demora.

Fred sentiu um aperto no coração de tanta gratidão:

— Sinceramente, não sei como lhe agradecer, doutor.

O doutor André Luiz se levantou e abraçou-o carinhosamente.

— Meu amigo, nem pense em me agradecer. Você deve saber que faz bem a gente fazer o bem.

***

Natasha estava trabalhando e se assustou quando seu celular tocou. Reconheceu logo a voz de Fred e já entrou em ansiedade.

— Amiga, desculpe ligar no seu trabalho, no meio do expediente, mas precisava falar com você com certa urgência.

Ela percebeu a agitação na voz dele e ficou preocupada:

— O que houve, Fred? Algum problema?

— Pelo contrário, Natasha. Acabei de conversar com o oncologista que está cuidando de Yuri, o doutor André Luiz. Ele me explicou que há um tipo de transplante de medula óssea chamado autólogo, em que são usadas células da medula do próprio paciente. Então, não há necessidade de procurar um doador compatível. Outra coisa: como o doador é o próprio paciente, não há o risco de rejeição. Esse tipo de transplante vem apresentando excelentes resultados, minha amiga! Então, como eu disse ao Yuri, o jogo ainda não acabou.

— Tudo isso me foi explicado anteriormente, no entanto, estava tão transtornada que não quis ouvir...

Houve um breve silêncio. Quando Natasha finalmente falou, percebia-se que sua voz tremia:

— Fred, estou mais aliviada. Já havia conversado com o doutor, mas como estava muito nervosa, queria ter certeza de que entendi bem, que há uma chance de cura.

— Claro! O Yuri não tem nada a perder. Se você quiser, voltaremos a conversar com o médico. Ele é gente do bem.

— Eu gostaria muito de fazer mais perguntas, entender bem o procedimento cirúrgico. Fico feliz que você esteja me apoiando e acompanhando esse processo. É muito difícil passar por isso sozinha. Pode agendar. Mas eu também queria compartilhar algo, mas não é uma boa notícia.

— Diga, amiga.

— Quando você me ligou, eu tinha acabado de chegar do Instituto Médico Legal.

Fred se assustou:

— O quê? O que você foi fazer lá?

— Fui fazer uma coisa muito desagradável: o reconhecimento do corpo do meu ex-marido.

— Que história é essa? Como foi isso?

— Hoje, logo cedo, recebi uma ligação da polícia. Claro que fiquei muito assustada, mas o problema não era comigo. Parece que meu ex-marido estava envolvido com drogas. Fez uma dívida enorme com traficantes e não estava conseguindo pagá-los. Os bandidos se sentiram ludibriados, então, o mataram. Pelo menos foi isso que a polícia me informou.

— Que coisa horrível! E como foi que a polícia achou você?

— Na casa do meu ex-marido os policiais encontraram a certidão de casamento e outros documentos. Com o meu nome, foi fácil a minha localização. Então, a polícia informou que eu tinha de fazer o reconhecimento do corpo, porque não havia outros parentes dele, pelo menos que ela tivesse conhecimento.

Fred ficou em silêncio, pensando em quão difícil devia ter sido para Natasha cumprir esse ritual. Preocupou-se com ela:

— E como você está?

— Agora estou bem. Na hora, fiquei muito nervosa. Foi uma experiência muito dramática e dolorosa. Afinal, tratava-se do pai do meu filho. Mas passou, agora estou bem.

— Você deve estar muito abalada, não?

— É sempre triste saber que alguém com quem a gente conviveu, perdeu a vida dessa maneira. Na verdade, ao se envolver com drogas, ele já estava traçando seu próprio destino. Mas não me abalei tanto quanto imaginava. Já fazia muitos anos que não tinha contato com ele, nem mesmo notícias. Esse afastamento fez com que deixasse de existir qualquer vínculo afetivo. Portanto, estou bem, pode ficar tranquilo.

Novo silêncio de Fred:

— Você vai contar para o Yuri?

— Pensei muito sobre isso, mas concluí de que não há necessidade, ainda mais tendo em vista o estado de saúde dele. Talvez eu conte quando ele ficar adolescente. O que você acha?

— Acho que você faz bem em não contar agora. Pelo que você me disse uma vez, o Yuri nem se lembra mais do pai, nem ao menos pergunta por ele. Além disso, as circunstâncias da morte do pai não devem fazer bem para o emocional de nenhum filho, ainda mais de uma criança.

— É verdade, meu amigo. — Ela suspirou. — Bem, já passou. Preciso voltar ao trabalho. Meu chefe está me dando todo o apoio, mas não posso abusar da bondade dele. Nos falamos mais tarde. Quando marcar com o médico, avise-me.

Naquele mesmo dia, alegando urgência, Fred levou Natasha para conversar com o doutor André Luiz. Ela conseguira do seu chefe permissão para sair antes do final do expediente. Seu superior estava acompanhando seu drama pessoal com o filho e estava se mostrando muito humano e solidário, permitindo que ela saísse, quando necessário.

O médico repetiu tudo o que já havia dito a Fred. Natasha saiu de lá mais aliviada e certa de que tinha o apoio irrestrito de Fred.

Agora, precisavam falar com Yuri.

Saindo do consultório, foram até a ala onde estava Yuri. Obtiveram permissão para conversar com o garoto numa sala particular.

Trazido cuidadosamente na cadeira de rodas por uma enfermeira, Yuri arregalou os olhinhos de surpresa ao ver sua mãe e seu amigo Fred naquela salinha.

— Ei, surpresa para mim?

Yuri abraçou carinhosamente a mãe e depois o amigo. Natasha chamou o filho para perto de si:

— Filho, precisamos conversar.

— Com o Fred também?

— Também, se você não se importar.

O menino foi categórico:

— Claro que não me importo. Ele é meu amigo.

Natasha pôs Yuri no colo e começou:

— Filho, eu sei que você é muito inteligente e antenado. Me diga uma coisa: já ouviu falar em transplante de medula óssea?

— Já ouvi na televisão, mas não sei o que é.

— Vou explicar: é uma espécie de cirurgia que vem sendo feita com muito sucesso em crianças que têm a sua doença.

— Sério?

— É sério. Conversamos com seu médico, o doutor André Luiz, e ele nos disse que só está esperando o resultado dos exames que você fez para decidir se há condições de fazer esse transplante em você.

Yuri olhou por um longo tempo para sua mãe e depois para Fred. Parecia estar avaliando seriamente o que a mãe dissera:

— O que vocês dois acham?

Fred antecipou sua resposta:

— Yuri, você sabe que gosto muito de você e quero ter você por perto durante muito tempo. Quero ver você se tornar um ator como eu. E eu acho que esse transplante vai tornar isso possível.

Yuri estava sério, com os olhos bem abertos:

— É sério, Fred?

— É sério, meu amigo. Mas como todo procedimento cirúrgico, ele causará vários incômodos e desconforto. Não vai ser uma coisa fácil, apesar do transplante propriamente dito ser rápido. Por isso, sua opinião é muito importante. Nós queremos saber se você está disposto a passar por algumas situações desagradáveis e, algumas vezes, dolorosa para fazer esse procedimento.

Yuri continuava sério:

— Eu tenho chance de ficar curado?

Fred não hesitou. Podia estar criando uma nova esperança no garoto, mas estava falando a verdade:

— Tem muitas chances, amigo.

— Curado para o resto da vida?

— Essa é a ideia.

— Vocês dois vão estar por perto?

— Na maior parte do tempo, sim, com certeza. Mas durante o transplante, não será possível. E mesmo quando ele acabar, você vai precisar ficar cerca de uns dez a quinze dias sem receber visitas para não pegar nenhuma infecção. Depois disso, aí sim, voltaremos a ficar juntos, acompanhando de perto sua recuperação.

Natasha complementou:

— Depois que receber alta do repouso, pelo menos pelos próximos três ou quatro meses será preciso continuar o tratamento direitinho. Os médicos nos dirão o que você poderá ou não fazer.

Finalmente, o rosto de Yuri abriu-se num sorriso:

— O que é um tempo de sacrifícios comparado à vida toda?

Fred acariciou a cabeça dele:

— É isso aí, amigo.

— Eu quero saber mais uma coisa: vocês dois vão estar comigo sempre que puderem, durante todo esse tempo?

— Com certeza. Palavra de escoteiro.

Yuri falou com uma voz determinada:

— Então, eu quero fazer esse transplante. Eu vou ser forte porque eu quero me curar e ficar com vocês a vida toda. E também porque eu quero me tornar ator, lembram-se?

Natasha confirmou:

— Claro que nos lembramos. E pode estar certo de que vamos rezar muito para que você tenha coragem, força e a proteção de Deus.

— Fred, você tinha me dito que ia aprender a rezar para me ajudar. Será que esse transplante já é o resultado disso?

— Pode ser, sim, meu amigo. Com sua mãe e eu rezando, venceremos todos os desafios, pode crer.

Abraçaram-se. Só Yuri não chorava.

CAPÍTULO 20

As semanas que se seguiram foram de expectativa, ansiedade e tensão. Mas, felizmente, foram recompensados: de acordo com o resultado desses exames e das respectivas avaliações, Yuri estava apto para se submeter ao transplante.

Assim que o médico deu a Fred essa boa notícia, antes mesmo de falar com Natasha, ele ligou imediatamente para sua amiga Josiane. Tinha uma ideia em mente, mas, antes, precisava certificar-se de que seria possível. E para isso precisava contar com a ajuda de sua amiga. Depois, falaria com Natasha, que deveria também estar angustiada.

Sua amiga atendeu logo o telefone:

— Josi, quero lhe pedir mais um favor.

— Pois, então, peça, meu querido, você sabe que qualquer que seja ele, pode contar comigo.

— Eu sei que sempre posso contar com você.

— Ainda bem. Do que se trata agora?

— Conheci um garoto no hospital, o Yuri, de sete anos. Ele está em tratamento e, dentro de alguns dias, vai se submeter a um transplante de medula óssea para tratar de uma leucemia.

— Nossa, coitado!

— Pois é. Já está tudo acertado. Logo, ele será operado.

— Que bom. Como posso ajudar?

— Bom, você sabe que eu não tenho religião, mas neste caso do Yuri estou procurando e aceitando ajuda, venha de onde vier. Da terra ou do céu.

— E daí?

— Daí que se você achar boa ideia, eu queria ir com a mãe dele no seu centro para pedir ajuda e proteção. Não é isso que vocês fazem?

Josiane ficou admirada:

— Senhor Fred, não estou acreditando no que estou ouvindo, mas que é bonito isso da sua parte não tenho a menor dúvida.

Ele ficou em dúvida quanto à opinião dela:

— Você não acha uma boa ideia?

— Eu acho uma ótima ideia.

— Você não acha importante fazer isso?

— É muito importante. Nossos irmãos espirituais acompanharão o transplante e iluminarão os médicos para que tudo corra bem. E também darão forças ao garoto para resistir e reagir positivamente.

— Era o que eu imaginava, mesmo sem conhecer a doutrina. Por isso, recorri a você.

— Fez muito bem. Inclusive, se vocês puderem, pode ser hoje à noite. Justamente hoje teremos sessão de cura.

— Mas o garoto não estará presente, porque está hospitalizado, em tratamento. Não tem problema?

— Não importa. Faremos um trabalho de cura a distância.

— Ótimo. Vou combinar com a mãe dele.

— Por essas e outras, é que cada vez o admiro mais, cara.

— Valeu, amiga, até mais tarde.

***

Quando Fred ligou, Natasha ficou novamente superemocionada:

—Fred, não sei como agradecer o que você está fazendo pelo Yuri. Você é uma pessoa abençoada.

— Não é isso, Natasha, sou um pecador igual a tantos outros. Mas é que me afeiçoei muito ao Yuri, ele agora é meu amigo.

— E quanto ao seu convite, mas é claro que aceito ir ao centro espírita, sim, quando você quiser. Pelo menos, fé eu tenho. Farei tudo o que for necessário para ajudar meu filho.

— Ótimo. Eu te pego às dezenove horas, tudo bem?

— Combinado.

***

O centro espírita, fundado pelo pai de Josiane e amigos, ficava num amplo sobrado branco, com portas e janelas azuis.

Quando se aproximou e entrou na casa, acompanhado por Natasha, Fred teve uma leve sensação de *déjà-vu.* Ele sabia que, levado pelos seus pais, ele havia estado ali quando tinha apenas cinco anos, para ser auxiliado.

Ao ver o interior do sobrado, sentiu-se profundamente emocionado, pois, embora não se lembrasse da experiência vivida naquele local, o fato de saber que estivera ali, quando criança, tocava fundo seu coração.

Natasha percebeu a emoção dele e pôs a mão em seu braço:

— Algum problema, Fred?

— Não, amiga. É que minha vida foi salva neste lugar, quando eu tinha apenas cinco anos. E, embora eu não me lembre, saber desse fato mexe com minha alma e com meu coração.

Ela compreendeu e acariciou seu braço:

— Você deve sentir-se alegre. Foi devido ao fato de ter estado aqui, há anos, que felizmente você voltou e está aqui comigo.

Ele olhou para ela, comovido:

— Tem razão, amiga.

As sessões eram realizadas em um salão no térreo, enquanto as cirurgias espirituais eram feitas nos dois quartos do andar de cima.

Fred e Natasha chegaram pouco antes das oito horas. Josiane os recebeu com muita simpatia, mas não perdeu a oportunidade de dar um beliscão no amigo, quando Natasha se afastou para sentar-se no salão:

— Danadinho, você, hein? Aqui, de boba só tem eu. Devia ter imaginado logo que tinha mulher bonita na história.

Fred respondeu em voz baixa:

— Pare com isso, Josi, não seja maldosa. Natasha é a mãe de Yuri, para quem viemos pedir ajuda e proteção. Somos apenas amigos.

— Eu o conheço, cara. — E se afastou.

Josiane convidou Natasha para acompanhá-la até uma pequena sala. Lá, ela expôs, em detalhes, a situação do seu filho. Josiane anotou os dados principais do quadro de saúde do garoto para encaminhá-los aos mentores dos médiuns que trabalhariam aquela noite.

Em seguida, Natasha voltou ao salão principal onde havia uma fileira de cadeiras encostadas à parede e uma grande mesa oval no centro, em torno da qual estavam sentados os médiuns.

Fred veio e sentou-se ao lado de Natasha, enquanto Josiane se unia aos colegas da mesa. A iluminação da sala foi diminuída, ouviu-se uma suave música e a sessão começou.

Foram feitas várias orações e pedidos para diversas pessoas, incluindo o filho de Natasha. Em certo momento, um dos médiuns incorporou uma entidade e Josiane conversou com ela durante alguns minutos. Fred e Natasha ouviram claramente quando o nome de Yuri foi pronunciado naquela conversa. As orações continuaram por mais algum tempo.

No final, já na saída, Josiane aproximou-se deles:

— Não sei se perceberam, mas um dos irmãos recebeu uma mensagem de uma entidade que disse para vocês terem fé, vai correr tudo bem com o transplante do Yuri.

Natasha olhou para o alto, com as mãos unidas:

— Graças a Deus!

Fred tinha uma curiosidade:

— Josi, quem poderia ser essa entidade que enviou essa mensagem? Ela chegou a se identificar?

— Sim, ela disse que se chamava Ludmila.

E os dois amigos entreolharam-se, sem nada comentar. Neste momento, ocorreu a Fred pensar no velho Shakespeare: "Há muito mais mistérios entre o céu e a terra do que pode imaginar nossa vã filosofia".

"Qual Ludmila seria aquela? A moça da biblioteca ou a atriz do passado?", pensou Fred.

Quando o casal se preparava para se despedir, Josiane segurou delicadamente Fred pelo braço:

— Fred, tem uma pessoa aqui que deseja falar com você.

Ele se surpreendeu:

— Comigo?

— Sim. Espere, ele já está vindo.

Do salão veio um senhor um pouco grisalho, sorrindo e estendendo a mão para Fred. Falou numa voz suave:

— Como vai, Fred? Certamente você não se lembra de mim. Quando nos conhecemos, você era uma criança de cinco anos e estava tão fraquinho que nem deve ter me visto direito.

Fred sentiu o impacto:

— O senhor... o senhor... — As palavras não saiam devido à emoção.

— Sim, sou Isaías, o pai de Josiane, e fui eu quem o atendeu naquela noite, com a ajuda dos irmãos espirituais.

— Meu Deus! — E Fred não se segurou mais e correu para abraçar o homem. Depois, falou com lágrimas nos olhos. — O senhor salvou minha vida! Não tenho palavras para lhe agradecer.

— Não, Fred, não fui eu quem o salvou. Fui apenas o intermediário, o instrumento dos médicos do plano superior.

— Mesmo assim tenho muito a agradecer. Preciso contar este nosso encontro aos meus pais.

— Por que você não os traz aqui?

— Ótima ideia. Farei isso. Eles adorarão revê-lo e a este lugar de tão gratas recordações.

Josiane brincou:

— Fico encantada ao saber desses fatos, mas não me lembro de nada.

— Foi uma alegria e uma honra revê-lo, Isaías.

Os amigos se abraçaram e o casal saiu.

Fred levou Natasha em casa. Durante o trajeto, foram conversando sobre a experiência.

— E então, Natasha, o que você achou?

— Gostei muito, eles são muito atenciosos. E tenho muita fé no trabalho espiritual que eles fizeram. Pretendo voltar mais vezes.

— Acho uma ótima ideia. Como também estou interessado na doutrina, podemos vir juntos.

— Então, está combinado. — Ela fez uma pausa e comentou olhando para ele. — É bem bonita a Josiane, não é?

— Também acho.

Ela demorou a perguntar:

— Vocês se conhecem há muito tempo?

Ele olhou rapidamente para ela:

— Josiane é como uma irmã, para mim. Somos grandes amigos. É uma pessoa em quem posso confiar.

Fred teve a impressão que Natasha pareceu aliviada:

— Ah, bom, pensei que ela estivesse interessada em você. Ela o olha com muito carinho.

Ele não percebeu o sorriso discreto mas malicioso dela, enquanto olhava a noite pela janela do carro.

CAPÍTULO 21

Quando chegaram, Natasha convidou Fred para subir até o apartamento dela, convite que ele prontamente aceitou. Estava sem sono e não tinha nenhum programa em vista.

Era um modesto ambiente de dois quartos e sala, mas delicadamente decorado — o tal toque feminino a que Josiane se referia.

Foi apresentado a Irina, a mãe de Natasha, uma senhora pequena, magra, com visíveis marcas de sofrimento no rosto, o que tornava triste o seu sorriso. Ela cumprimentou Fred com delicadeza.

— Se me dão licença, vou lá para dentro, para vocês conversarem melhor, mais à vontade.

Natasha segurou o braço de Irina e disse para Fred:

— Esta mulher aqui, Fred, é assim pequenininha, mas é de uma garra e de uma fortaleza incríveis. Foi meu apoio e meu consolo nas horas difíceis por que passei.

Fred procurou ser gentil:

— Certamente graças a essas qualidades, ganhou uma filha encantadora e um neto maravilhosos.

A voz dela denunciava o sotaque estrangeiro:

— O senhor falou uma grande verdade. Essas duas criaturas são minha razão e alegria de viver.

— E a senhora é responsável por isso, pela perfeita educação que deu a Natasha.

Ela sorriu com alguma alegria:

— O senhor, além de bonito, é muito gentil. Agora, deem-me licença. — E se retirou da sala.

Natasha sorriu também e voltou-se para Fred:

— Aceita um vinho, Fred? Precisamos dar uma relaxada depois de tantas emoções fortes e boas.

— Adoraria, mas estou dirigindo. Aceitaria um suco.

Ela perguntou, assim que trouxe a jarra de suco:

— Vocês ensaiam toda quarta-feira?

— Não mais. Nos primeiros meses de apresentação da peça, sim, mas agora que todos já sabem os textos de cor e salteado, só ensaiamos de vez em quando.

Sentaram-se num pequeno sofá da sala e fizeram um brinde à saúde de Yuri.

Natasha queria saber mais sobre seu amigo:

— Sabe, Fred, eu gostaria de saber como surgiu seu interesse pelo teatro e pelo trabalho voluntário no hospital.

Depois de um gole, ele depositou o copo na mesinha de centro:

— Você pode até não acreditar, mas não faço a menor ideia. Meus pais, como acredito que seja comum entre os pais, esperavam que eu fizesse uma faculdade convencional, tipo Direito, Engenharia, Medicina, coisas assim. Mas eu, desde o começo da adolescência, queria ser ator. Inclusive, com muita frequência, eu sonhava que estava atuando. Ou seja, desde cedo, o palco sempre me atraiu.

— Mas você já tinha assistido a peças teatrais?

— Só na escola. E a partir daí alguma coisa muito forte dentro de mim me impelia para o teatro. Passei a ler bastante e a assistir diversas apresentações. Quando não ia ao teatro, corria para um circo, qualquer um deles.

— Que coisa curiosa.

— Também acho. Quando fiz 18 anos, disse a meus pais que iria fazer faculdade de Artes Cênicas. Ao tomar essa decisão, estava certo de que haveria uma tempestade em casa.

— E qual foi a reação deles?

— Para minha surpresa, me deram apoio total.

— Que legal! Isso não é comum, tratando-se de arte. Geralmente, os pais se preocupam muito que os filhos sigam uma carreira que remunere bem, que garanta o futuro.

— Isso é verdade, mas os meus pais, graças a Deus, sempre tiveram uma boa cabeça.

— E essa ideia de se fantasiar de palhaço com um violino e ir alegrar as crianças no hospital, cantando, dançando e contando piadas, de onde surgiu? Certamente alguma coisa deve ter acontecido para você achar que deveria fazer isso.

Fred ficou pensando um pouco, olhando para o copo de suco, novamente na sua mão:

— Talvez tenha acontecido mesmo. Um dia fui visitar um amigo que estava internado naquele hospital. A pessoa que o acompanhava me falou da ala das crianças. Fiquei interessado e pedi a uma enfermeira para me levar até lá. Foi duro para mim. Achei-as tristes e, é claro, que havia razão para isso. Pensei: "por que não alegrá-las com meu talento de ator?" Nisso, uma moça se aproximou de mim e disse: "Boa ideia! Por que você não faz isso? Elas já estão esperando por você faz muito tempo". Olhei para as crianças de novo e quando me voltei para perguntar à moça o que eu precisava providenciar para realizar alguma coisa divertida ali, ela tinha sumido. Voltei para casa, impressionado e pensando no que poderia fazer.

— Espere aí, não entendi uma coisa. Você disse que "pensou" que poderia fazer algo para alegrar as crianças, não foi?

Isso mesmo.

— E como aquela moça sabia e disse "boa ideia"?

Fred ficou olhando para Natasha tentando se lembrar daquele dia:

— Sabe que eu nunca havia pensado nisso? Será que ela leu meu pensamento? — E ambos riram.

Depois de mais alguns goles de suco, a conversa continuou:

— E de onde saiu a ideia do palhaço com o violino?

— Do meu sonho.

— Oi?

Fred riu com a reação dela:

— Devo ter ficado muito impressionado com a visita ao hospital, porque sonhei que me apresentava para uma plateia de crianças vestido de palhaço, arranhando um violino, cantando e dançando. Quando acordei, pensei: "e por que não?". Então, voltei ao hospital, procurei a direção e fiz a proposta. Os membros da diretoria ficaram em dúvida. Então, concordamos em fazer uma experiência por um mês. Se as crianças, os pais e os médicos gostassem, eu continuaria. Acho que tudo começou assim.

— E você recebe alguma remuneração por esse trabalho?

— Não, é um trabalho voluntário.

Natasha ficou admirada:

— Fred! Não acredito que você fez isso!

— Claro que fiz. Eu já ganho o suficiente vendo o sorriso no rosto das crianças. Isso para mim é a melhor remuneração.

Natasha, emocionada, deu um beijo no rosto dele:

— Cara, você não existe!

Ele brincou:

— Preciso praticar boas ações para me redimir de meus pecados...

— Engraçadinho. E aquela moça que lhe deu a ideia e depois sumiu, você não a viu mais por lá?

Ao refletir sobre essa pergunta, algo surgiu na mente de Fred. Ele ficou olhando fixamente para Natasha, a ponto de ela perguntar:

— O que foi?

— Curioso. Agora que você me perguntou se não tinha mais visto a moça por lá, eu estou cá juntando uns pedaços de coisas acontecidas, e acho que voltei a vê-la, sim, mas não lá. — Agora Fred estava certo de que se tratava da moça da biblioteca, Ludmila. Quem mais tinha o hábito ou o poder de ler pensamentos e depois desaparecer misteriosamente? E ela lhe dissera uma vez que estava sempre no hospital.

A nova pergunta de Natasha interrompeu suas elucubrações:

— E a roupa de palhaço e o violino? Onde você conseguiu?

— Uma vez em que estava na casa dos meus pais, fui vasculhar o sótão. Foi lá que achei a roupa de palhaço, toda empoeirada e jogada em um canto. E o violino estava dentro de um baú, junto com outras quinquilharias do passado de minha família.

— De quem era isso?

— Olha, nem meu pai, nem minha mãe sabiam a quem pertenceu a roupa de palhaço, tampouco, o violino. Só disseram que devia ser coisa muito antiga, porque eles não tinham o hábito de vasculhar o sótão. Então, me apossei dos objetos. Resumindo a resposta à sua pergunta, Natasha: acho que tudo foi obra do acaso.

— Sei não. Dizem que não existe acaso.

— Pode ser, não entendo disso. Minha amiga Josiane, aquela do centro, sempre me diz essa frase.

— Que eu acho absolutamente verdadeira.

— Mas agora, Natasha, me fale de você.

Ela levantou-se, serviu-se de mais suco e voltou a se sentar:

— Minha história é muito comum. Meus pais me trouxeram pequena da Rússia, e meu pai morreu após alguns anos no Brasil. Fiquei apenas com minha mãe. Logo depois da adolescência, conheci um rapaz que também era filho de russos. Namoramos e então me casei sem perceber que era muito cedo, acreditando que ele era a paixão da minha vida.

— Então você casou por amor?

— Pensava que sim, mas, na verdade, acho que por ser muito jovem buscava segurança no casamento, para mim e minha mãe. Meu pai era muito humilde, não deixou nenhuma herança para nós, além deste apartamento, comprado com todas as economias que ele trouxe da Rússia. Sem poder pagar uma faculdade, fiz um curso técnico de secretariado e é nisso que trabalho, desde então. Graças a Deus, a firma é muito boa e estou lá até hoje.

— E por que você e seu marido se separaram?

— Com seis meses de casados, já grávida do Yuri, descobri que ele tinha várias mulheres. Era um sujeito muito bonito e tinha boa conversa. Sempre pensando na questão da segurança, fiz de conta que não sabia. Mas quando Yuri completou três anos, não deu mais para segurar, principalmente porque ele começou a ficar agressivo comigo, com o filho e até com minha mãe, uma idosa. Parece que ele se apaixonou por uma das várias amantes, pela mais rica, claro, e nos separamos. Nunca mais soube dele. Criei Yuri com a ajuda de Deus e de minha mãe.

— Sua história prova que você é uma mulher de fibra, Natasha.

— Precisei ter essa fibra. Pelo menos ficamos com este apartamento, senão não teríamos nem para onde ir.

— Natasha, o médico me disse, se referindo ao transplante, que para o Yuri isso seria como uma nova vida, um renascimento. Algo me diz que para você também será o início de uma nova vida, muito melhor e mais feliz.

— Assim espero, amigo. Sem falsa modéstia, acho que sou merecedora de dias melhores.

— Eles virão, pode ter certeza.

— Acredito nisso piamente. E sei que você me ajudará.

— Com certeza. — Fred levantou-se. — Agora, precisamos descansar. Foram muitas emoções num só dia.

O abraço deles demorou mais que o habitual. E o beijo na face também. Foi perigosamente próximo dos lábios.

***

O doutor André Luiz mantinha Natasha e Fred informados sobre o estado de Yuri, e não faltavam elogios à coragem, à determinação e à força do garoto — o que deixava o casal bastante emocionado e esperançoso.

O dia da cirurgia foi particularmente tenso e angustiante.

Na sala de espera, Fred e Natasha tinham diferentes reflexões.

Fred pensava na situação em que estava, no turbilhão em que se envolvera. Vânia, Ludmila, Natasha, Josiane... Havia uma confusão de sentimentos dentro dele com relação a essas mulheres.

Mas, naquele momento, estava ali por Natasha e seu filho.

Pensou em Yuri com emoção. Era como se ele fosse seu filho. Uma ideia que nunca alimentara, mas que não lhe desagradava. Desejava ardentemente que tudo corresse bem e ele ficasse curado. Mas isso não estava em suas mãos. Ludmila e Josiane certamente saberiam a quem ele deveria recorrer em pensamento para pedir ajuda para o garoto. Mas elas não estavam ali.

Ao seu lado, Natasha fazia todo tipo de pedidos aos céus. Esperava, com fé, que seu filho merecesse uma nova chance de viver. Ele tinha tantos planos para quando crescesse... ser ator, por exemplo; graças ao seu grande amigo Fred.

Seu coração bateu mais forte quando pensou em Fred. Como será que a relação deles iria evoluir depois que Yuri estivesse curado? Ela sentia que a cada dia gostava mais e mais de Fred — e não era apenas por gratidão, pelo que ele fizera por Yuri.

Natasha sentia que seu futuro seria decidido ali, naquela sala de espera, dentro de mais alguns momentos.

O doutor André Luiz apareceu na porta e encaminhou-se lentamente para eles. Não era possível para Fred e Natasha adivinharem o que significava a expressão séria do médico.

Até se aproximar do casal, parecia ter transcorrido uma eternidade. Finalmente, falou para ambos:

— Amigos, graças a Deus, tudo correu muito bem.

Natasha irrompeu num pranto convulsivo de felicidade e abraçou-se a Fred, que também não escondia sua emoção.

— Que ótima notícia, doutor! — Foi o que conseguiu dizer.

O médico pousou suas mãos no casal:

— Yuri é um guerreiro. Portou-se como gente grande. E tenho certeza de que sua recuperação será rápida e sem problemas.

Yuri não receberia visitas durante alguns dias.

Natasha e Fred, mais unidos do que nunca, também tiveram que usar de todas as suas forças para continuar tocando suas vidas, mas sem tirar Yuri do pensamento por nenhum instante.

Como em tudo na vida, o mau momento passou.

Algum tempo depois, chegou o esperado dia em que Yuri teve alta e pôde voltar para casa, que fora devidamente adaptada para oferecer ao garoto todas as condições indispensáveis de segurança, higiene e proteção, conforme a orientação do médico e do hospital.

A partir dali, aos poucos, a vida de Natasha e Yuri começou a voltar ao normal. E, claro, a de Fred também.

Yuri mostrou-se uma criança muito disciplinada com relação aos horários dos medicamentos e às várias restrições que precisava seguir. Isso contribuiu muito para sua recuperação.

CAPÍTULO 22

Toda a odisseia de Yuri, do momento do transplante até sua volta para casa, durou alguns meses.

Fred esforçou-se ao máximo para acompanhar tudo de perto. Foi para ele um período estressante pelo apego que tinha ao garoto e por ver a angústia e ansiedade de Natasha, de quem aprendera a gostar também.

Se, por um lado preocupava-o muito a saúde de Yuri, por outro lado essa preocupação fez com que ele administrasse melhor a saudade que sentia de Vânia.

Dessa forma, pôde continuar se dedicando ao seu trabalho no hospital e no teatro, com energia suficiente para não afastar o foco dessas atividades.

Durante esse tempo, Fred e Natasha se encontraram com frequência, à noite, para jantar ou apenas conversar. Às vezes, iam a um restaurante, outras vezes improvisavam um lanche no apartamento dele ou dela — na verdade, pretextos para estarem juntos.

A amizade crescia e o carinho também. Para Fred, era uma espécie de compensação pela ausência da namorada.

No início, estava claro para ambos que Yuri era o elo entre eles. Mas isso não era mais verdade. Inclusive, o que sentiam um pelo outro estava bem acima do que habitualmente se sente por amigos. Só faltava reconhecerem e aceitarem os sentimentos.

Fred resistia a qualquer envolvimento afetivo maior com Natasha porque amava Vânia. A prolongada ausência dela e a sintonia que tinha com Natasha era, sem dúvida, uma quase irresistível tentação.

No momento, sobretudo depois das conversas com Natasha e Ludmila, Fred tinha adquirido plena consciência das profundas diferenças entre ele e Vânia, e lhe era difícil compreender como o namoro já vinha durando três anos.

Embora, ele e Natasha não fossem namorados, havia um forte vínculo afetivo entre eles. Na verdade, Fred não se aventurava a avançar o sinal porque tinha sérias dúvidas se aquele afeto que Natasha demonstrava por ele não era apenas devido ao apoio e à estima que ele tinha pelo garoto.

Muitas vezes, à noite, quando a deixava para voltar ao seu apartamento, ficava longo tempo pensando se sua insegurança com relação a Natasha não seria uma recaída da sua autoconfiança e da sua autoestima.

Às vezes, ele reagia em pensamento e perguntava o que a impediria de amá-lo, independente de qualquer fato relacionado ao filho? Por que ele não acreditava nisso? No final, acabava se punindo por achar que não tinha direito de fazer essas elucubrações, por que era um homem comprometido.

Natasha, por sua vez, se debatia em questionamentos semelhantes. Tinha enorme carinho por Fred, achava mesmo que estava começando a amá-lo, mas acreditava que a proximidade dele era principalmente pela amizade que tinha por seu filho. Ou seja, segundo ela pensava, Fred não a via como mulher, mas apenas como uma grande amiga, mãe de Yuri. Como poderia amá-la vendo-a assim? — perguntava-se Natasha. E depois, ele tinha uma namorada, embora ela estivesse afastada dele havia meses.

Dessa forma, a relação deles era ambígua.

Ambos tinham sensações prazerosas quando, ocasionalmente, tocavam-se. O beijo na face, na chegada e na despedida, cada vez mais se aproximava dos lábios e os rostos se aqueciam. Os abraços eram mais demorados, era possível para eles sentirem as formas do corpo do outro e havia excitação recíproca.

O desejo começava a se fazer presente, cada vez mais intenso.

Estava claro que faltava coragem a ambos para assumir os verdadeiros sentimentos, mas, como a conversa entre eles era sempre agradável e um gostava da companhia do outro, iam tocando a vida entre desejos e repressões.

Pena que nenhum dos dois se lembrasse da frase de uma das peças de Shakespeare, que Fred tanto conhecia através de suas obras: "Nossas dúvidas são traidoras e nos fazem perder o que, com frequência, poderíamos ganhar, por simples medo de arriscar.".

E ainda havia Josiane, sua eterna apaixonada, que parecia não entender ou aceitar que os sentimentos de Fred para com ela eram simplesmente fraternais. Por isso, sempre que estava com ele, a amiga não perdia a oportunidade de fazer insinuações e provocações, das quais ele habilmente escapava.

***

Num dos intervalos da apresentação, Josiane voltou a provocá-lo:

— E, então, menino, já se acertou com a russa?

Entre eles, amigos íntimos que eram, ela se permitia tratar Natasha por russa, devido à origem dela. Fred não se importava com isso, apenas fingia repreendê-la:

— Pare com isso, Josi. Natasha agora é uma grande amiga minha.

— Graças ao filho, certo?

— Você está errada, amiga. Yuri proporcionou nossa aproximação, mas a continuidade da amizade criou uma grande admiração e um carinho entre nós.

— Admiração e carinho, Fred? Olhe para mim e responda com sinceridade: tem certeza de que os nomes são esses?

— Ora, não seja maliciosa.

— Eu o conheço, meu amigo. Só eu não tenho chances com você. Tudo bem. É meu carma — dizia brincando. — Só tenho dó da Vânia, que deve estar com a testa quente pelos chifres que vão nascer.

— Nem vou responder, Josi. Faz de conta que não ouvi essa bobagem que você acabou de falar.

***

A peça *Sonho de uma noite de verão* já concluíra sua vitoriosa temporada e saíra de cartaz após meses. Agora o elenco estava ensaiando *Hamlet*, do mesmo autor.

Josiane continuava provocando Fred:

— Sua nova amiga deve gostar muito de teatro.

— Por que você diz isso?

— Porque toda sexta-feira ela vinha assistir à peça e agora, que saiu de cartaz, ela vem assistir aos ensaios da nova. — E acrescentou com veneno. — O que, aliás, não é permitido para o pessoal de fora.

— É verdade, mas você, que é assistente do diretor, autorizou.

— Lógico! E eu tinha opção? Você só faltou me implorar de joelhos para que eu assinasse a autorização.

— Pelo que lhe agradeço muito. Aliás, ela está tão entusiasmada com o teatro que decidiu estudar Artes Cênicas.

Josi deu uma gargalhada irônica:

— Ah, eu já conheço essa história. Quem sabe no futuro vão fundar a própria companhia?

Fred não perdeu a oportunidade para cutucá-la ainda mais:

— Essa é a ideia. Como descobriu?

— Já entendi tudo. Para mim, chegou. Preciso repensar minha vida.

***

Com tantas atribulações pelas quais passara nesses meses, principalmente com o acompanhamento do caso do Yuri, Fred percebeu que o tempo avançara mais depressa que ele incialmente imaginara. Por isso, foi com relativa surpresa que ele recebeu o telefonema de Vânia informando que estaria de volta dentro de mais uma semana.

Por mais incrível que pudesse parecer, passou pela sua mente, ainda que muito rapidamente, um "já". Mas claro, Fred ficou muito feliz, talvez não tanto quanto ele próprio esperasse. Quando pensou sobre isso, atribuiu sua relativa tranquilidade à amizade que fizera com Ludmila e Natasha, que, de alguma forma, ajudaram-no a preencher seu tempo.

***

Conforme já havia avisado a Fred, Vânia chegou numa segunda-feira cinzenta e chuvosa.

Ele já estava à sua espera, ansioso, no saguão do aeroporto. Fred sentiu uma emoção muito grande quando a viu. Ali teve certeza definitiva de que a amava — ou dependia dela, não importava agora a diferença.

Ela estava linda. Ele correu para ajudá-la com a bagagem, mas primeiro trocaram um forte e longo abraço:

— Que saudade, querida. Eu já não estava aguentando mais sua ausência. Você está linda!

— Também senti muito sua falta.

Dali, foram ao estacionamento pegar o carro dele e de lá foram a um restaurante, na zona sul, escolhido a dedo por Fred. Aconchegante, elegante, romântico, discreto. Poderiam conversar com tranquilidade.

No trajeto, ele ia perguntando sobre o curso, o tempo, as compras e outras amenidades. E ela queria saber do trabalho dele no hospital e no teatro. Tudo bem ao estilo de um casal de namorados.

Apesar do mau tempo, o trânsito estava tranquilo, logo chegaram ao restaurante.

Enquanto esperavam os pratos, Fred fazia algumas perguntas e ela contava os detalhes do tempo que passara em Londres.

Vânia não estava tão eufórica e amorosa quanto Fred esperava que estivesse — afinal, foram seis meses de ausência. Mas o momento era de alegria e carinho, portanto, não havia lugar para grilos. Fred dizia a si mesmo para controlar a insegurança atávica.

Quando terminaram, ela disse alegre:

— Trouxe um presente para você.

Como uma criança, o coração de Fred pulou: ela se lembrara dele. Recebeu o pacotinho e o desembrulhou com cuidado. Havia um estojo e dentro dele um aparelho celular, provavelmente de última geração.

Ele mostrou uma alegria que no íntimo não sentia, pois esperava algo mais romântico. Além disso, ele já tinha celular.

Então, superando a decepção pelo presente, Fred se preparou para o grande momento:

— Eu também trouxe um presente para você.

Ele estava emocionado. Era um grande momento para sua vida. Pôs a mão no bolso do casaco, sentiu a caixinha com as alianças, lentamente colocou-a na frente de Vânia e a abriu.

Os brilhantes reluziram com a iluminação do restaurante, como se soltassem faíscas.

Ela olhou as alianças e enrubesceu, reação que Fred atribuiu à emoção e à surpresa.

Ele entrecruzou as mãos e ficou esperando que ela dissesse alguma coisa empolgante, menos o que ouviu:

— São lindas, Fred. — E só.

Ele não parava de olhar para ela, cada vez mais emocionado:

— Sabe o que significa este presente, querida?

Sem olhá-lo, ela disse baixinho:

— Fred, precisamos conversar.

Ele sentiu um frio enorme na barriga, acompanhado de um terrível pressentimento, que fez seu coração bater mais forte. A palavra perda apareceu subitamente na sua mente:

— Precisa ser agora, querida?

— Sim, principalmente agora.

Ele estava quase em choque:

— Mas você não vai falar nada sobre as alianças?

Ela olhou-o séria:

— Fred, o que quero dizer tem a ver com elas.

Seu pressentimento estava correto. Ia acontecer mesmo o que ele tanto temia. Ele recostou-se na cadeira e esperou pelo pior.

Ela continuou falando:

— Foram seis longos meses de estudo e trabalho, que passei em Londres. Todos em grupo.

"Pronto! Já devia ter imaginado!", pensou Fred, angustiado.

— No meu grupo, conheci outro médico, por coincidência, amigo de minha família, aqui de São Paulo mesmo.

Fred não tinha o que falar. Só ouvia, tenso:

— Sei.

— Durante o curso, nós nos víamos diariamente, fazíamos as refeições e estudávamos juntos. Claro, sempre em grupo.

Ele não perdeu a oportunidade de ser irônico:

— Claro, sempre em grupo. Esse é um detalhe reconfortante.

Ela pareceu não ter percebido a ironia dele:

— No dia a dia, descobrimos que tínhamos muitas afinidades, muitos projetos e pensamentos em comum.

O frio na barriga de Fred ia aumentando de forma dolorosa, quase insuportável:

— Sei.

Depois de uma pausa, Vânia olhou Fred diretamente nos olhos e disparou fria e cruelmente:

— Bem, não há nenhuma maneira suave de lhe dizer o que preciso dizer: nós nos apaixonamos e decidimos nos casar.

Diante do impacto da revelação, Fred parecia ter se transformado numa estátua: não conseguia se mexer, nem falar. Depois de algum tempo, que pareceu interminável, ele conseguiu balbuciar, com voz trêmula:

— Essa... essa decisão já foi tomada?

— Já, Fred, sinto muito.

O barulho de um avião, que passou naquele exato momento, pareceu a Fred a explosão de uma bomba sobre sua cabeça. Sentiu o chão sumir sob os pés e pensou que fosse desmaiar, pois a respiração quase lhe faltou. Tudo o que lhe ocorreu dizer foi apenas um lamento:

— Fantástico seu colega. Deve ser brilhante. Em seis meses ele conseguiu o que não consegui em três anos. Palmas para ele.

Vânia não pareceu tão constrangida quanto Fred esperava:

— Fred, eu sinto muito, isso não foi planejado, simplesmente aconteceu. Nunca quis magoá-lo. Você sabe que o admiro bastante e que gosto muito de você.

— Sim, eu sei que gosta, mas não está apaixonada por mim, não é isso?

— Tivemos três anos maravilhosos. Não podemos deixar que isso se perca. Tanto que espero continuar sua amiga.

Ele se sentia ridículo. Aquela caixinha com duas alianças na mão dele, de repente, transformou-se também numa figura ridícula. Ele tinha vontade de jogá-la fora, bem longe.

Sua resposta foi automática, num fio de voz:

— Claro, seremos bons amigos.

— Tem mais uma coisa, Fred. Vamos nos casar e decidimos morar em Nova Iorque. Por isso, quando quisermos, você e eu vamos ter que conversar por telefone ou pelo computador.

Se a notícia podia ser pior, conseguiu ser, com mais essa informação:

— Você vai embora do Brasil?

— Pelo menos por alguns anos, sim.

— E seus pacientes?

— Vou passá-los para alguns colegas, mas não posso deixar de ir. Tenho certeza de que lá crescerei bem mais na minha profissão.

— Claro, lá será bem melhor para sua carreira.

— É isso mesmo. Ainda bem que você entende isso.

— É, entendo. — Ambos ficaram em silêncio por alguns segundos. — A pergunta pode ser boba, mas é que nunca passei por essa situação, será que já posso guardar as alianças? — Ele não percebeu o quanto era patética a pergunta.

Vânia pôs uma das mãos sobre a dele:

— Fred, por favor, não fique chateado comigo.

Ele a encarou quase com raiva:

— Então me diga: como é que devo estar me sentindo?

— Eu sei como você está se sentindo.

Ele deu um sorriso triste:

— Não pode saber. Depois de três anos de namoro, eu não estou a deixando, não estou a trocando por outra, que conheci há seis meses.

Ela não tinha como se defender:

— Fred, você não deve colocar as coisas dessa forma.

Agora, a irritação dele era evidente:

— Então, me diga como devo colocar as coisas, Vânia! Talvez dizer: "Ah, parabéns! Foi muito boa sua decisão, afinal, ele também é médico e eu..." — Ia dizer a famigerada frase mas segurou-se. — Eu espero que ele seja tão bom médico quanto eu sou bom ator. Temos de ser bons. Ambos somos importantes para as pessoas. Então, está tudo igual.

Ela surpreendeu-se com a demonstração de autoestima, mas não fez comentários:

— Claro, sua profissão é tão importante quanto a dele. Mas isso não me influenciou em nada.

— Acredito. Então, me diga: como decidiu entre dois homens igualmente importantes?

— Acho que agora você está sendo irônico.

— Talvez esteja, mas você preferia que eu estivesse sendo agressivo? Por que motivo não falta.

— Isso você não seria nunca. Não é seu perfil.

— Tem razão, e a partir de hoje nem sei mais se isso é uma vantagem. — Ele fez novo silêncio. — Seus pais já sabem?

— Já. Contei a eles por telefone.

— Ficaram muito aliviados, tenho certeza. Eles nunca aprovaram nosso namoro.

— Você continua magoado.

— Isso a surpreende? Pois não devia. Você é médica e pode me responder: esperava que com meia hora de papo eu já tivesse digerido esse soco no estômago?

— Fred, sei que essa não é a melhor notícia que eu poderia lhe dar. Mas acredite, acho que vai ser melhor para nós dois.

Ele não deixou passar em branco:

— Agora é você quem está sendo irônica.

Vânia percebeu que não havia mais nada a fazer para trazer calma à conversa. Concluiu ser melhor despedir-se:

— Bom, Fred, não quero magoá-lo mais do que já o fiz.

— Mesmo que quisesse, não conseguiria. O que acabou de fazer já foi para nocautear.

— Não espero que me desculpe tão rapidamente, mas certamente a mágoa vai passar com o tempo, como tudo na vida.

— Verdade, a vida segue. Ou a fila anda, qual é a expressão mais adequada para essa situação?

— Fred, acho melhor irmos ou vamos nos magoar. Um dia voltaremos a falar sobre isso com mais calma.

— Com certeza. Vamos. — Levantou-se. — Meu carro está no estacionamento. Já vou buscá-lo.

Ela segurou-o pelo braço:

— Fred, se você não se importa, eu prefiro ir de táxi.

Ele continuava despejando nela sua raiva, usando de ironia:

— Por quê? Meu carro velho não serve mais?

— Não é isso, Fred. No seu carro iríamos trocar frases irônicas ou agressivas. Além disso, no táxi poderei desabafar sem nenhum constrangimento.

— Você está me dizendo que vai chorar no táxi?

— Por que não? Foram três anos, não é?

— Mas foram três anos de verdade absoluta, de sinceridade?

Apesar de tudo, Vânia estava quase chorando, talvez pelo tamanho da desilusão que ele estava demonstrando por meio da agressividade, que ela desconhecia.

— Fred, por favor, liberte sua raiva contra mim quando estiver sozinho no seu carro ou no seu apartamento. Você não está agindo como se me amasse.

— Pode ser. Talvez não a amasse mesmo. Talvez eu fosse apenas dependente de você.

— Não sei de onde você tirou isso.

Ele respondeu com um sorriso amargo:

— Um espírito me disse.

Ela interpretou de outra forma:

— Agora está sendo o Fred que conheço, o bem-humorado de sempre. Mas talvez, se existir, esse espírito esteja certo. Talvez nossa relação tenha acabado assim por que era sustentada por dependência e não por amor. A dependência é sempre muito pesada para ambos os lados.

— Isso mesmo, você está certa. Eu não tinha percebido, mas agora sei que, de tanto amá-la, eu virei um peso para você.

— Não foi bem assim, tão unilateral. Digamos que nossa relação se tornou um peso para ambos.

— Entendi. Portanto, devo aceitar que há um lado bom neste final. Estou livre. Não dependo mais de você, não é assim?

— Pode até ser irônico ou contraditório, mas acho que é isso mesmo. Mais uma vez, me desculpe. Você não imagina o quanto foi difícil lhe dizer tudo isso.

— Tão difícil quanto foi para mim ouvir.

Ela o beijou na face, olhou-o mais uma vez, e se afastou.

Ele acompanhou-a:

— Vou pegar suas malas no meu carro.

Foi tudo muito rápido porque havia um ponto de táxi defronte ao restaurante. Logo ela se foi.

Em seguida, Fred voltou para a mesa onde estavam.

Ficou sentado um longo tempo. Não iria sair dali enquanto não parasse de chorar e enquanto suas mãos não parassem de tremer — Ele não saberia dizer se de raiva ou de medo da solidão.

Apalpou o bolso. A caixinha com as alianças estava lá dentro.

Segurou-a com força, até perceber que, devido à raiva, estava amassando-a.

Completamente atordoado, e sem saber o que fazer ou para onde ir, foi procurar Josiane no centro espírita. Pelo menos ali, segundo acreditava, iria relaxar um pouco e, com a ajuda dela, receber alguma energia.

Infelizmente, nem ela nem seu pai estavam lá àquela hora. Mesmo assim, sentindo-se cansado, certamente devido ao recente baque emocional, pediu à atendente do centro que lhe permitisse descansar um pouco na sala de espera. Como ela já o conhecia da visita anterior, orientou-o a usar a salinha íntima de Isaías. Disse-lhe que ali ficaria tranquilo e não seria incomodado por outros visitantes.

Com um suspiro de alívio, Fred acomodou-se numa confortável poltrona de couro e procurou relaxar. Estava sentindo-se esgotado, muito esgotado.

CAPÍTULO 23

Fred não saberia dizer se foi um sonho, pois não tinha consciência disso. Tudo aconteceu como se fosse realidade.

De repente, viu-se caminhando pelo Parque do Ibirapuera. Não se lembrava de ter ido para lá, mas agora não tinha dúvida de que era mesmo o parque e ele estava lá. Talvez tivesse sofrido um lapso de memória devido ao aborrecimento que tivera ante o rompimento de Vânia.

Sentar-se num daqueles bancos próximos ao imenso lago e ficar olhando os cisnes deslizarem suavemente na água, ajudava-o a relaxar. De vez em quando, repetia esse exercício, geralmente antes da estreia de alguma peça.

Sentou-se num dos bancos e ficou apreciando também o movimento das pessoas, indo e vindo, descontraídas e sorridentes.

Um homem de meia-idade sentou-se ao seu lado.

Fred olhou-o rapidamente e viu que tinha cavanhaque e cabelos compridos, compensando a calvície frontal acentuada. Era um tipo curioso, parecendo um artista excêntrico, mas certamente educado:

— Incomodo? — perguntou o estranho, com um sotaque que demonstrava sua origem estrangeira.

— Não, em absoluto. — Fred afastou-se mais para a extremidade do banco, a fim de dar mais espaço ao recém-chegado. Preferia estar só, mas não queria ser indelicado.

Antes de falar, o estranho homem olhou para Fred várias vezes, mas de maneira discreta:

— Desculpe, não quero ser inconveniente, nem ser invasivo, mas o senhor me parece triste. E se minha percepção estiver correta, eu fico pensando: como consegue num ambiente tão bucólico e agradável como este. Não é sempre que se vê tanta beleza natural.

Fred achou que havia certa impertinência naquela observação, por isso, sua resposta foi um tanto ríspida:

— O senhor nunca ficou triste?

O homem respondeu de imediato, com calma:

— Já e muito, meu caro. — Fez uma pausa e olhou para Fred antes de completar a resposta. — Principalmente durante a Segunda Guerra Mundial, em plena Rússia.

Ouvindo isso, Fred interessou-se. Nunca conhecera alguém que tivesse estado em uma guerra.

— Segunda Guerra Mundial? O senhor participou dela, na Rússia? E na linha de frente?

— Não, graças a Deus. Foi uma participação muito especial, com equipamentos também especiais.

— Desculpe, mas não entendi. O senhor estava numa guerra. Pegou ou não em armas?

— Meu caro, nunca coloquei minhas mãos numa arma.

Fred fez um gesto de que continuava não entendendo:

— Mas, então...

— Deixe-me explicar: naquela época, e já faz muito tempo, eu fazia teatro, era diretor de atores. Enquanto os militares provocavam o horror com suas armas, tanques e batalhas, eu provocava risos e emoções nas pessoas com minhas peças de teatro.

Fred abriu um largo sorriso. Então, aquele homem era ou fora ator. Sentiu-se mais à vontade e animado para conversar com ele:

— Que legal! Muito louvável e heroico de sua parte. Mas o senhor não sofria repressões?

— Muita. Sofríamos repressões e corríamos perigo, porque bombas estouravam perto da gente a toda hora. Mas os artistas são teimosos e rebeldes por natureza. Esses riscos não nos amedrontavam.

— Ouvindo o senhor falar no plural, imagino que devia ter colegas ou uma equipe para ajudá-lo.

— Sim, tinha um elenco muito talentoso. Lembro-me especialmente de um casal, Dimitri e Ludmila.

— Ludmila? Curioso.

— O que é curioso, meu jovem?

— Em poucos dias, conheci duas Ludmila. Uma, ao vivo. Ficamos amigos, apesar de fazer algum tempo que não a vejo.

— E a outra?

— A outra só conheci através de imagens: fotos e alguns filmes antigos. Era atriz também, do século passado.

O velho pareceu ficar alguns segundos em contemplação, olhando para o espaço. Depois, falou devagar:

— É realmente curioso. Podemos estar falando da mesma pessoa.

— Mas, desculpe, eu o interrompi. O senhor falava de um casal de artistas que trabalhou consigo na Rússia.

— Exatamente. Eram dois jovens talentosos, corajosos, sonhadores, cheios de vigor e de planos. E brilhavam não apenas nos palcos, mas também nos picadeiros.

— Atuavam em circo também?

— Também, e em muitos espetáculos beneficentes. Faziam questão de ser os palhaços do grupo, cantando, dançando e fazendo graça. Trabalharam muito comigo e pude perceber como amavam o teatro e o circo com a mesma intensidade. E, aliás, amavam-se também. Era um casal de apaixonados, estavam sempre juntinhos, sorrindo, pareciam estar sempre namorando. Pode acreditar que, para mim, foi uma enorme honra tê-los no elenco e poder dirigi-los. — O homem pareceu emocionado. Fez uma breve pausa e voltou-se para Fred. — E o senhor, o que faz?

Fred olhou com tristeza para o lago, antes de responder:

— Algumas horas antes, eu lhe responderia com muita convicção e orgulho: sou ator. Agora, confesso-lhe que já não sei mais. Se continuar com este estado de espírito, talvez até mude de profissão.

O homem ajeitou-se melhor no banco, para olhar Fred quase de frente:

— Ora, isso é muito interessante. Uma dúvida típica de atores: continuar ou desistir? Se me permite, posso perguntar-lhe o que aconteceu de tão relevante que está gerando essa dúvida?

Fred sorriu meio desconcertado:

— Talvez o senhor não ache o motivo relevante, mas minha namorada, depois de três anos juntos, acabou de romper comigo. Isso aconteceu há poucas horas. E imagine o senhor que eu estava preparado para pedi-la em casamento, segurando as duas alianças que comprara na véspera.

Fred ficou aguardando algum comentário dele, que veio depois de um silêncio, durante o qual acompanhou os cisnes com o olhar:

— Bom, é de fato uma situação realmente muito desagradável, mas permita-me dizer-lhe que sua tristeza, em essência, não vai ser suficientemente forte para fazê-lo mudar de profissão.

— Como não? Estou arrasado e com vontade de largar tudo.

O homem não alterou o tom de voz, sempre sereno:

— Se o senhor é um verdadeiro ator, asseguro-lhe que essa tristeza vai passar em pouco tempo. Muitos atores ficam arrasados quando a peça em que atuam é um fracasso; ou quando o público não aparece; Ou pior ainda, quando são vaiados em cena. Sofrem durante algum tempo, mas nem por isso desistem da carreira.

Fred olhou intrigado para o homem. Como aquele estranho tinha a pretensão de saber em qual direção seus sentimentos iriam seguir? Por isso, respondeu sério:

— Respeito sua opinião, mas penso que cada pessoa reage de modo diferente diante dos problemas.

— Desculpe-me, meu caro amigo, mas não se trata disso. O caso é que ser ator não é uma escolha.

Fred ficou surpreso:

— Não?

— Não. É uma missão. O sujeito não sabe por que, mas em algum dia de sua vida, diante de um acontecimento que ele considera um simples acaso, sente-se irresistivelmente atraído pelo palco. E, a partir de então, passa a procurar oportunidades de assistir aos espetáculos e participar deles, muitas vezes, contra a vontade da família. A arte está no seu sangue, na sua alma, não há como tirá-la de lá. Terá sucessos e fracassos, mas isso faz parte.

— Não estou certo de que estou entendendo sua mensagem.

— O que estou tentando lhe dizer é que o sujeito pode até ficar arrasado se algo não correr bem, mas não conseguirá abandonar a arte. A todo instante, sem descanso, ela vai persegui-lo e encontrá-lo, nem que seja em outra vida.

— Pelo visto, o senhor é um apaixonado pelo teatro.

— Não sou o único. Em todos os tempos, sempre houve atores apaixonados por sua arte.

Os dois homens ficaram calados, pensando no que cada um deles havia dito.

Foi Fred quem quebrou o silêncio entre eles:

— Estava pensando no que disse. É muito bonito e poético tudo o que o senhor falou, mas, do ponto de vista prático, não funciona: continuo triste do mesmo jeito. Não sei lidar com perdas.

— Penso que já é tempo de o senhor trabalhar isso. Na vida, se ganha ou se perde, faz parte do jogo. E não é porque aconteceu uma vez que vai acontecer de novo. Além do mais, já faz muito tempo.

Fred não entendeu esse final:

— Muito tempo? Falei para o senhor que foi há apenas poucas horas.

O homem voltou-se novamente para Fred:

— Escute o que vou lhe dizer e peço-lhe que acredite em mim: isso vai passar. Posso lhe assegurar que, através dos tempos, o senhor já passou por muitas coisas tristes das quais nem se lembra mais, mas afirmo-lhe que superou todas. O senhor vai continuar ator e muitas pessoas vão agradecer-lhe por isso. Além de levar emoções, o teatro tem o poder de promover transformações, e isso é um trabalho impossível de ser pago, porque é uma missão. E o que é definitivo: pode-se abrir mão de um trabalho, mas não de uma missão, depois que ela é descoberta e aceita.

Fred ouviu tudo aquilo com muita atenção e surpreendeu-se ao sentir-se emocionado.

— O senhor deve ter sido um diretor extraordinário. Inclusive, com sua experiência de vida, também um conselheiro para seus atores.

Ele fingiu modéstia:

— Bem, era o que eles diziam a meu respeito.

— E devia ser verdade. Mas devo lhe confessar uma coisa: ouvi-o com muita atenção, mas sinto muita falta da minha ex-namorada.

O homem virou-se mais uma vez para Fred:

— Desculpe-me perguntar: ela gostava de teatro?

Fred pensou um pouco e foi sincero na resposta:

— Não muito.

— E de circo?

— Jamais saberei. Nunca consegui levá-la para assistir a um espetáculo circense.

O homem bateu amistosamente no ombro de Fred:

— Então, meu amigo, não me leve a mal, mas seu caso de amor com essa moça não tinha mesmo nenhum futuro, pode acreditar. Já estava fadado a ter um fim em pouco tempo.

Fred ficou abismado com aquela afirmação:

— Como disse?

— Esse namoro não tinha futuro. Aquela que um dia se tornará sua esposa precisa gostar de teatro e de circo, de atores e de palhaços. Essa fórmula dá muito certo. Vi isso com Dimitri e Ludmila. Aquilo, sim, era amor de verdade. Foram feitos um para o outro e eu fui o felizardo que os apresentou. — O homem pareceu ter caído em si. — Desculpe-me, acho que falei demais. Agora, preciso ir, com sua licença.

O homem levantou-se e começou a se afastar. Fred chamou-o:

— Espere um instante! — O homem voltou-se. — Posso saber como se chama? Quero agradecer suas palavras e nem sei a quem me dirigir.

O homem olhou-o profunda e fixamente antes de responder:

— Anatoly. Eu me chamo Anatoly. E não precisa me agradecer. Eu não falei nada que o senhor já não soubesse. Talvez apenas tenha esquecido com o passar do tempo. E, creia, foi muito bom estar com o senhor. Me fez muito bem.

Fred acompanhou aquela estranha figura que caminhava devagar, até desaparecer nas alamedas do parque.

— Fred! Fred!

A voz de mulher parecia vir de muito longe. Quem o estaria chamando?

— Fred! Fred!

A voz foi aumentando de volume. Agora parecia vir de muito perto.

— Fred, querido, acorde!

Assustado, ele abriu os olhos e viu Josiane ajoelhada à sua frente, chamando-o carinhosamente. Então, ele se deu conta de que estava na poltrona da sala íntima de Isaías.

"Caramba, fora tudo um sonho? Mas parecia tudo tão real...", pensou Fred, enquanto tentava concatenar as ideias.

— Amigo, que cansaço, hein? Você estava dormindo profundamente.

Ele esfregou os olhos para acordar de vez:

— Oi, amiga, sentei-me aqui só para descansar um pouco, mas dormi tão profundamente que até sonhei. Um sonho longo e estranho.

— Quer me contar? Eu sou boa na interpretação de sonhos.

Ele passou a mão na testa e sentiu que estava suada:

— Agora, não, amiga, depois te conto. Outra hora.

— Está bem. E como você está? Por que veio aqui?

Ele cobriu o rosto com as mãos, respirou fundo e olhou tristemente para a amiga, ainda ajoelhada à sua frente. Por fim, falou:

— Vânia me deu o fora, assim que chegou. Nem houve tempo para comemorar o retorno.

— Bom, eu já imaginava.

— Como você sabia?

— Eu não sabia, mas existe um negócio chamado intuição feminina, amigo. E a minha é apuradíssima. Vânia nunca demonstrou grande paixão por você. Nesses seis meses, quantas vezes ela te ligou? E quando o fez, foi para falar de trabalho ou do curso dela, não é verdade?

— Josi, agora percebo isso, mas você deve saber que quando a gente ama, não nota essas coisas. Por isso, ela me derrubou, por que me pegou totalmente desprevenido.

— Não é bem assim. Diga-me: desde que a conheceu, você sabia que eram completamente diferentes um do outro, não sabia?

— Sim, sabia.

— E mesmo assim se apaixonou.

— Você sabe que a gente não controla isso.

— Não controla, mas pode evitar que isso aconteça.

— Como pode ser isso, Josi?

— Ficando esperto com essa história de que os opostos se atraem. Me responda outra coisa: quando um homem possui baixa estima como você, de que maneira ele pode confirmar e reforçar continuamente esse sentimento? Juntando-se a uma pessoa oposta, ou seja, arrogante, narcisista, egoísta. Dessa forma, ele terá sempre ao seu lado um referencial, lembrando-o da sua ilusória fragilidade.

Fred estava desconsolado:

— Você descreveu meu relacionamento com Vânia.

Ela foi dura:

— Justamente. Que bom que você percebeu isso. Essa armadilha do amor é muito sutil.

Fred ficou um momento pensativo, mas depois reagiu:

— Muito bem, caí nessa armadilha, mas e agora, o que me resta fazer? Perdi e estou acabado.

— Você está assim porque você mesmo está deixando, não está reagindo. Está simplesmente se entregando à dor de cotovelo.

— Não é assim tão fácil dar a volta por cima. Por acaso você já perdeu um grande amor?

— Ainda não, porque nunca tive um. Mas quando tiver, não deixarei que chegue a esse ponto. Só posso esperar que esse tropeço lhe sirva para entender que o amor verdadeiro não escraviza, não cria dependência, mas compartilha felicidade.

Fred ficou em silêncio um longo tempo e Josiane esperou pacientemente que o amigo falasse.

— Amiga, você deveria ter estudado Psicologia.

Ela sorriu:

— Ainda está em tempo. Pensarei no assunto. Mas, agora, a prioridade é você se recuperar desse tranco.

— E como vou fazer isso?

— Ora, amigo, vá à luta! A fila anda. Vânia não era a única mulher do mundo, embora você achasse isso.

— Eu estou literalmente um bagaço.

Josiane estava ficando muito brava. Ela não se conformava em ver seu amigo naquele péssimo estado, ainda mais por causa de uma mulher que ela achava que não merecia essa valorização toda. Mas não sabia como fazer para reerguê-lo:

— Sabe de uma coisa? Não quero mais ser sua terceira opção. Nem segunda, nem primeira. Não vale a pena.

Ele não deu o menor sinal de reação:

— Tudo bem. Estou me acostumando a perder.

Desta vez, a bronca foi forte:

— E pare de sentir pena de si! Você não se respeita mais? Cadê sua autoestima, cara?

— Estou procurando. Se você achar, me avise.

Josiane levantou-se visivelmente irritada. Caminhou em direção à porta, voltou-se e, antes de sair, disse com voz nada amistosa:

— Se precisar de alguma coisa, é só me chamar. — E saiu.

Fred permaneceu ali, sentado, por mais um tempo. O lugar era silencioso e inspirador. Recostou-se e se pôs a pensar nas palavras de Josiane. De fato, ele estava sendo um fraco. Agira com todo o respeito e ética possível com Vânia e, em troca, recebera um fora.

Ele fizera sua parte corretamente. Então, o problema não era ele, mas ela. Neste caso, por que dar tanta importância a uma pessoa que não soube amá-lo, nem ao menos respeitá-lo? Se aquela era a forma de Vânia agir com as pessoas que dizia amar, então, quem sabe, foi melhor que a relação acabasse antes que se tornasse mais complicada de ser desfeita. Precisava internalizar bem esse raciocínio para que saísse do estado de depressão e revolta. Em torno dele havia pessoas que pareciam amá-lo de verdade, e ele não estava dando atenção a elas.

Natasha, por exemplo. Parecia ser uma pessoa do bem e vinha dando mostras de ter grande carinho por ele. Por que não deixar que essa amizade criasse raízes mais profundas? Concluiu que precisava cultivar e curtir mais a companhia dela.

CAPÍTULO 24

Ao longo dos dias, Fred e Natasha continuaram se vendo e saindo. Foram a cinemas, teatros e espetáculos. Natasha era uma companhia muito divertida e agradável, além de se mostrar uma pessoa sensível e emotiva como ele. Quando estavam juntos, não faltavam assuntos. Ela sabia fazer com que Fred se sentisse especial, e isso deixava-o feliz.

Uma noite em que estavam jantando depois de um ensaio, Fred percebeu que um jovem, numa mesa próxima, olhava com interesse para Natasha, com muita insistência.

Para sua surpresa, Fred se sentiu ardendo de ciúme e, se não fosse uma pessoa de paz, teria ido lá tirar satisfações com o insolente.

Foi então que, finalmente, admitiu que amava Natasha.

Ao se flagrar pensando nela como mulher, percebeu que sua atração não era apenas por causa do pequeno Yuri, mas pela pessoa que ela era — amorosa, carinhosa, inteligente, bonita, bem-humorada e culta.

E o que era mais importante: gostava de teatro, de circo e da profissão dele.

Vânia nunca lhe dera tanta atenção quanto Natasha.

Então, o que estava esperando para declarar-se, sem culpa? Seria medo de conquistá-la e depois perdê-la, como aconteceu com Vânia? Ou ele estava confundindo tudo e tinha receio de não ser correspondido e estragar uma valiosa amizade? E daí se ela dissesse não? Ele pediria desculpas pelo seu equívoco e a amizade continuaria. Simples assim.

Mas faltava-lhe um componente decisivo: coragem.

Quando foi deixar Natasha em casa, depois do jantar, permaneceu em silêncio ao volante, durante longo tempo.

Ela percebeu e questionou-o:

— O que foi? Está aborrecido com alguma coisa?

Ele fugiu do assunto:

— Nada importante.

— Desculpe, mas deve ser importante para conseguir afetar seu habitual bom humor. Não gostou do restaurante? Ou da comida?

Ele decidiu abrir o jogo:

— Não gostei foi de um sujeito que não tirava os olhos de você, como se não estivesse acompanhada.

Ela não conseguiu segurar um sorriso, movida por uma vaidade e uma alegria íntima: ele ficara com ciúmes dela!

— Ah, eu não acredito! Só por isso? Eu nem notei esse sujeito.

— Mas eu notei e não gostei nem um pouco. Que desaforo! Ele não viu que você estava acompanhada?

— Mas, Fred, não precisa se aborrecer por causa disso, olhar não tira pedaço. Eu estou aqui com você, inteira.

Ele não se conformava com essa alegação:

— Não tira pedaço, mas motiva certos pensamentos... — Interrompeu e mudou a frase. — Você sabe o que eu quero dizer.

Ela se fez de ingênua:

— Não, não sei, se explique melhor. Que tipo de pensamentos? — Ela sorria maliciosamente.

— Ora, Natasha, você não é mais criança. Você sabe muito bem do que estou falando.

— Bem, se é o que estou pensando, acho que você deveria sentir-se orgulhoso e não irritado.

Ele olhou rapidamente para ela:

— Por que deveria me sentir orgulhoso de um sujeito ficar olhando maliciosamente para você?

— Ora, por que ele deve ter me achado atraente, mas eu estou com você e não com ele, que devia estar morrendo de inveja.

Fred não resistiu a esse argumento e sorriu, para alívio dela:

— Você está certa. E, além do mais, pensando bem, que direito eu tenho de sentir ciúmes de você?

— Agora você está fazendo charminho.

— Ué, mas não é verdade?

— Não sei, você que está dizendo.

Quando chegaram à casa dela, Fred desligou o carro e voltou-se para Natasha. Estava com o semblante sério:

— Natasha, preciso perguntar-lhe uma coisa muito importante, mas gostaria que você não se ofendesse.

— Que é isso, Fred? Temos amizade suficiente para não deixar que isso aconteça. Pode perguntar o que quiser.

Ele pigarreou, olhou a rua pela janela do carro e voltou-se para ela, fitando-a bem nos olhos:

— Você gosta de mim?

Ela sorriu lindamente:

— Mas que pergunta é essa, Fred?

Ele continuava sério:

— Responda, por favor, Natasha. Eu já lhe disse que a pergunta era muito importante para mim.

Ela respondeu com firmeza:

— Claro que gosto. E muito.

Fred pareceu ficar um pouco mais calmo com essa resposta:

— Fico feliz, mas a pergunta tem uma segunda parte.

— É uma pergunta em dois capítulos? — Natasha estava levando na brincadeira, sem perder o humor. — Então vamos ao segundo capítulo.

— Você gosta de mim como Fred ou como o amigo que ajudou seu filho?

Natasha franziu a testa por achar aquela pergunta sem sentido. Ajeitou-se melhor no banco do carro e respondeu com bastante calma, olhando firme para ele:

— Fred, preste bem atenção ao que vou lhe dizer. Desde que notei sua amizade e seu carinho por meu filho, comecei a admirar muito você. Depois que vi e acompanhei seus esforços para dar a ele um tratamento especial, essa admiração cresceu e transformou-se em muita estima, muito carinho. E hoje esse gostar independe do Yuri. Gosto muito de você, do homem que é.

Fred ficou pensando naquela resposta. Não se deu por satisfeito, mas não quis insistir. Ele queria ouvir um "eu te amo" apaixonado, mas só respondeu:

— Sei.

— Não sei se essa era a resposta que você esperava ouvir, mas estou sendo muito sincera. Agora, eu também quero saber: por que você me perguntou isso?

Como a resposta, de fato, não foi a que ele esperava ouvir, preferiu desconversar:

— Bobagem minha. Curiosidade apenas. Esqueça.

Depois de um instante de silêncio entre ambos, ela perguntou:

— E você?

— Eu o quê?

— Agora seja sincero também: gosta de mim como pessoa ou somente como a mãe de Yuri?

Fred pensou um pouco e decidiu responder ao estilo dela:

— Sendo bem sincero, eu gosto muito de você, Natasha. É claro que o Yuri foi e continua sendo um elo importante em nossa amizade. Mas eu gosto muito de você como pessoa, independente do Yuri.

Ela baixou o olhar:

— Pois, às vezes, eu tenho a impressão de que você só me faz companhia em consideração ao Yuri.

Ele pegou delicadamente na ponta do queixo dela e levantou-o para que ela olhasse para ele:

— Que bobagem é essa, Natasha? Isso que você falou não tem sentido. Yuri é uma criança e o universo dele é diferente do nosso. Eu gosto muito dele, mas com você é... é... — Hesitou. — É diferente.

Ela pareceu emocionada ao perguntar:

— Diferente como, Fred?

Ali estava a grande oportunidade! Se Fred não sofresse de insegurança crônica, teria dado ouvidos, naquele momento, aos seus verdadeiros sentimentos por Natasha, mas não teve coragem:

- É diferente, ora. Eu gosto muito da sua companhia, de conversar com você. Você é inteligente, sensível, carinhosa, alegre. Eu me sinto muito bem quando estou com você.

Ela se emocionou de verdade e esteve prestes a abrir seu coração.

— Fred, eu... — Mas também não se sentiu confiante. — Esquece.

Ele ficou curioso:

— O que você ia dizer, Natasha?

Ela procurou disfarçar:

— Nada sério, esqueça. Conversaremos outro dia. Agora preciso subir. Quer tomar um café?

— Não, obrigado. Como você disse, fica para outro dia.

E beijaram-se — ainda na face, mas, dessa vez, o beijo de despedida foi praticamente nos lábios. Questão de milímetros. O suficiente para fazer a temperatura de ambos subir.

CAPÍTULO 25

Naquela noite, depois de deixar Natasha em casa, Fred foi para seu apartamento. Não queria estar com mais ninguém. Queria ficar só e tentar colocar seus pensamentos em ordem.

O que realmente sentia por Natasha? Na verdade, ainda tinha dúvidas a respeito dos seus sentimentos em relação a ela. Será que aquela crise de ciúmes no restaurante tinha algum significado?

Como não conseguia dormir, levantou-se, vestiu-se e foi ao barzinho que sempre ia com Josiane. Sentou-se à última mesa, bem no fundo. Não queria ser visto por ninguém.

E enquanto bebia uma cerveja bem gelada, pensava nas suas dúvidas amorosas.

Profundamente imerso em seus pensamentos, assustou-se com a voz feminina ao seu lado:

— Me paga uma bebida?

Fred voltou-se imediatamente para a dona da voz, disposto a dar-lhe uma resposta mal-educada para que ela se afastasse, mas levou um grande susto diante da surpresa.

— Ludmila!

Num impulso, ele se levantou e ela brincou:

— Já vai embora só porque cheguei?

Ele estava sem palavras, inteiramente desconcertado:

— Não, eu ia pegar uma cadeira para você se sentar.

— Não precisa, Fred, eu mesma faço isso. Já fiz antes, lembra-se da lanchonete da biblioteca? — e sentou-se à frente dele.

Fred também se sentou, intrigado:

— O que foi que a fez voltar? Pela última conversa que tivemos, pensei que nunca mais a veria. Resolveu reaparecer?

Ela sorriu:

— Não seja injusto, eu nunca desapareci. Sempre estive por perto. É que você anda muito distraído e não me vê.

Ele sorriu, descrente:

— Desculpe, não creio. Eu nunca mais a vi desde a última vez que nos vimos na biblioteca, naquele desagradável encontro.

— Ué, por que você achou desagradável?

— Bem, aquele encontro foi uma despedida e despedidas são sempre desagradáveis. De qualquer forma, confesso que estou feliz em revê-la, mas espero que este novo encontro não se torne desagradável também.

— Também espero.

— Quer dividir uma cerveja?

— Obrigada, mas não bebo nada que contenha álcool.

— Então, se você não se importa, beberei sozinho.

— Fique à vontade.

— Você ainda não me respondeu: por que resolveu reaparecer?

— Ordens do chefe.

Fred fingiu impaciência:

— Ah, sempre o chefe. O que ele quer desta vez? Que novo projeto ou missão, como você diz, ele tem para mim e mandou você executar?

— Do jeito que você fala, sou levada a pensar que preferia que viesse outra em meu lugar.

— De jeito nenhum, já me acostumei com você.

— Ah, bom, fico feliz também. — Ela olhou-o longamente em silêncio. — Você está muito bem, Fred, com ótima aparência. — Descontraiu-se e voltou a sorrir. — E continua bonito.

— Pois você continua a garota linda e atraente de sempre. Eu já estava com saudades.

Ela enrubesceu:

— Que bom saber disso.

— Mas não fuja do assunto. Ou será que preciso repetir a pergunta que lhe fiz?

— Não precisa. Voltei porque meu chefe acha que você ainda está precisando de ajuda.

Fred foi um pouco irônico:

— Ah, ele acha, é? Ele parece saber mais da minha vida do que eu próprio.

Ela permaneceu séria:

— E você discorda?

Fred demorou um pouco para responder:

— Quem sou eu para discordar de seu chefe, mesmo sem conhecê-lo? E a propósito, não entendo uma coisa: como ele sabe tanto de minha vida, já que não nos conhecemos?

Ela sorriu divertida:

— Engano seu. Ele sabe tudo sobre você. Mas você não me respondeu se precisa ou não de ajuda.

Fred fez cara de amuado e novamente demorou a responder:

— Detesto admitir, mas ele está certo. Preciso de ajuda.

— Pois, então, você já tem a resposta: é por isso mesmo que estou aqui.

— E você sabe qual é o meu problema? Se é que eu tenho um, como seu chefe pensa.

— Na verdade, você não tem um problema, mas pensa que tem.

— Por favor, Ludmila, nada de filosofar. Hoje minha cabeça está quase estourando de tanto pensar.

— Em primeiro lugar, deixe-me parabenizá-lo pelo seu interesse e esforço em ajudar o Yuri.

Fred ficou admirado:

— Você o conhece?

— Sim, conheço-o muito bem.

— Ele foi muito valente. O transplante foi uma barra, mas deu tudo certo. Agora é só aguardar a recuperação dele.

— Eu sei. Eu acompanhei tudo, do começo ao fim. E ajudei no que foi possível e permitido.

— Como assim? Você é enfermeira, instrumentadora?

— Uma espécie de tudo isso. O mais importante é que deu tudo certo e a recuperação vai ser tranquila. A ajuda espiritual que o grupo da Josiane deu também foi de grande valia.

Fred sempre se surpreendia quando Ludmila demonstrava saber dessas coisas tão particulares:

— Me diga uma coisa, Ludmila: eu continuo com aquela chata restrição de não poder lhe fazer algumas perguntas?

— Infelizmente, sim, meu caro. Como já deve saber, não depende de mim liberar isso.

— Isso é muito chato, sabia? Eu posso lhe responder qualquer coisa que me pergunte, mas você não pode agir da mesma maneira.

— Você precisa saber que as regras não são criadas para agradar ninguém, mas para garantir que as coisas funcionem como devem. Por isso, o chefe cria as regras — que na verdade são leis ou mandamentos.

— Não adianta você ficar colocando o chefe à frente das coisas que você não quer que aconteçam. Você tem ou não tem autonomia?

— Para essa questão, em particular, você tem muito mais autonomia que eu.

Diante disso, Fred se conformou:

— OK, se não há outro jeito, continuemos assim, não tem problema. Aliás, problema que não tem solução não é um. Pode perguntar o que quiser.

A pergunta direta dela pegou-o de surpresa:

— Você está namorando Natasha, a mãe do Yuri?

Ele se sentiu flagrado:

— Eu? De onde você tirou essa ideia?

— Ah, Fred, você continua com o péssimo hábito de responder a uma pergunta com outra pergunta. Por que não consegue ser objetivo? Está ou não?

Fred ficou um tempo olhando para a toalha da mesa antes de responder, mas não parecia muito seguro:

— Não, não estou.

Ludmila estava implacável nas perguntas:

— E por que não?

— Ora, porque nem sei se ela gostaria de me namorar.

Ludmila respondeu com uma segurança inquestionável:

— Pois fique sabendo que ela gostaria.

Fred olhou-a, admirado com a afirmação:

— Como você sabe disso?

— Digamos que por meio de uma conversa de mulheres.

— Então, você a conhece?

— De certo modo, sim. E posso lhe garantir que ela está realmente se apaixonando por você.

Fred deu um sorriso nervoso, torcendo intimamente para que Ludmila estivesse certa:

— Desculpe, amiga, mas não acredito. — Ele repetiu. — Não acredito. Ela tem é gratidão pelo que fiz pelo Yuri.

Ludmila ficou impaciente:

— Ah, Fred, Fred, você continua bobo e com crises de insegurança e baixa autoestima. Eu seria capaz de apostar que você tinha melhorado com nossas conversas na lanchonete da biblioteca. Você precisaria conversar com meu amigo

Anatoly, diretor de teatro. Ele lhe falaria coisas tão importantes, que você aprenderia num instante a valorizar sua profissão.

Ele arregalou os olhos:

— Ei, você conhece um diretor chamado Anatoly?

— Conheço e muito. — E sorriu misteriosamente.

— Onde você o conheceu?

— Digamos que, há muito tempo, eu tenho um círculo social bem grande. Principalmente com o pessoal que faz teatro.

— Pois eu não o conheço.

— Tem certeza?

— Tenho. Quer dizer, só em sonho. Outro dia, depois que Vânia rompeu comigo, fiquei tão transtornado que procurei um lugar para relaxar. Acabei indo para o centro espírita de Josiane. Mas ela não estava, nem o pai dela. Então, resolvi ficar por lá mesmo. Me recostei numa poltrona, na sala do Isaías, e peguei no sono. Cara! Nunca tive um sonho tão longo e tão vívido! Parecia real. No sonho, um sujeito se aproximou, sentou-se ao meu lado, puxou conversa e ficamos ali, batendo papo. Ele se chamava Anatoly, foi assim que o "conheci".

— Que interessante.

— Será que esse Anatoly do meu sonho é o mesmo do qual você falou ainda há pouco?

— Bom, o Anatoly do qual falei já morreu há muito tempo.

— Que pena. Mas veja quanta coincidência: segundo ele me contou no sonho, em vida ele conheceu uma atriz que tinha seu nome.

— Ludmila?

— É.

Ela pareceu surpresa:

— Ele falou disso?

— Falou. Disse-me que era uma atriz muito talentosa e apaixonada por um ator cujo nome me esqueci. E também me falou coisas muito bonitas sobre a carreira de ator.

— Ainda bem. Por isso mesmo pensei que você tivesse melhorado.

— Mas eu melhorei, acredite em mim.

— Não parece e seu relacionamento com Natasha é um exemplo disso. Sem dúvida, ela lhe é muito agradecida pelo que você fez para o filho dela, mas, à medida que foi o conhecendo melhor, a amizade se transformou em amor. E agora está apaixonada. Simples assim.

— Se isso é verdade, por que ela não me diz isso?

— Pela mesma razão por que você também não diz. Ela pensa que você está com ela apenas pelo afeto que tem pelo Yuri.

Fred sentiu uma emoção estranha:

— Ela pensa isso, Ludmila?

— Pensa. Pode crer.

Ele olhou para o lado, balançou a cabeça e murmurou:

— É uma tola.

Ludmila agitou-se na cadeira:

— Eu sei que sou inteligente, mas não consigo compreender como um bobo e uma tola se apaixonam e não sabem disso.

Ele sorriu:

— Você não muda, continua irônica.

— Eu nunca mudo, Fred. Aliás, não quero mudar. Gosto de ser como sou.

— Discordo. Todas as pessoas podem mudar.

— As pessoas em geral, sim, mas eu já lhe disse que eu sou uma pessoa diferente das outras.

— Nem vou lhe perguntar em que você é diferente. Deve ser uma das perguntas que não posso fazer.

Ela voltou a sorrir, divertida:

— Exatamente. Já está aprendendo.

— E você, continua com aquele mau hábito de desaparecer?

— Continuo, mas não se preocupe. Desta vez, vou avisá-lo antes de acontecer. Espero que não se assuste.

Ele brincou com ela:

— Vai me avisar? Puxa, Ludmila, como você é generosa.

Ela apontou o indicador de forma acusadora:

— Agora você é que foi irônico.

— Desculpe, só quis brincar com você. Mas você fica mudando de assunto e ainda não me disse por que me procurou.

— Uma parte, já disse: para lhe dizer que Natasha está apaixonada por você, esperando que você se declare. E a segunda parte é que ela é gente do bem, uma pessoa muito especial.

— Como você?

— Não, não como eu. Pelo menos, ainda não. Mas é uma pessoa muito legal. E você está deixando escapar a oportunidade de tê-la por muito mais tempo. Saiba que vocês juntos poderiam fazer coisas belíssimas para ajudar as pessoas de várias maneiras.

— Ludmila, você está me dizendo que eu devo me declarar a ela?

— Não estou dizendo que você deve se declarar. Estou dizendo que você precisa se declarar a ela.

— Por que precisaria?

— OK, aqui vai meu terceiro motivo de ter reaparecido: para você compreender tudo direitinho desde que nos vimos pela primeira vez. Vamos combinar o seguinte, preste bem atenção. Sei que tem ido a algumas reuniões no centro de Josiane. Combine com ela e peça a Josiane para tentar fazer contato com o espírito de Anatoly.

Fred ficou surpreso:

— Anatoly? Esse que você conheceu? É com o espírito dele que Josiane deve fazer o contato?

— Ele mesmo. Um russo, diretor de teatro, que viveu no século 20, durante a Segunda Guerra Mundial.

Fred sentiu-se um pouco tonto com aquelas informações. Ou estava ficando louco ou tudo aquilo era muita coincidência. Ou alguém estava tirando uma com a cara dele.

— Ludmila, estou confuso. O Anatoly do meu sonho também era russo, diretor de teatro e viveu durante a Segunda Guerra. Tudo isso é coincidência mesmo ou é alguma brincadeira sua? Os dois sujeitos têm o mesmo nome, a mesma profissão, só que um já morreu e o outro aparece em meu sonho! Será que sonhei com o mesmo Anatoly? E por que sonharia com ele? Qual é, amiga? É alguma pegadinha?

Ela balançou a cabeça em sinal de paciência:

— Preste atenção: se Josiane fizer contato com o espírito de Anatoly e ele contar-lhe uma história, você irá entender tudo. E a sua confusão desaparecerá para sempre, tem minha palavra.

Ele ficou olhando para ela um bom tempo:

— Como a vida nos oferece surpresas. Eu me sentei aqui para relaxar e estava quase conseguindo. Aí vem você e me joga esse monte de mistérios e interrogações.

Ludmila pôs as mãos no quadril:

— Então, fiz mal em interrompê-lo?

Ele falou docemente:

— Querida amiga, não distorça minhas palavras procurando um pretexto para discutirmos outra vez e você desaparecer. Agora preste muita atenção: você nunca atrapalha e é sempre muito bom estar com você.

Ela sorriu:

— Bobo! Eu só quis provocá-lo, Fred. Mas saiba que eu continuo gostando muito de você também.

Agora quem brincou foi ele:

— Sério? Desde quando? Nunca percebi isso.

Ela foi misteriosa na resposta:

— Desde muuuuuito tempo. É porque você não se lembra.

— Lembro sim. Nossos encontros na lanchonete da biblioteca foram maravilhosos. Nunca me esquecerei deles, nem de você.

— Obrigada, fico lisonjeada, mas não me referi a esses encontros. Já nos vimos muito tempo antes deles.

— Já? Sinceramente, não me lembro.

Ela respondeu com um semblante misterioso:

— Eu sei que você não se lembra.

Fred falou sorrindo:

— Quer saber de uma novidade? Minha amiga Josiane acha que você é um espírito e não uma pessoa de carne e osso.

Ludmila sorriu também:

— Ela acha isso, é?

— Acha.

— E você, o que acha?

— Mas você vem perguntar isso para mim, logo eu que não acredito nessas coisas? Eu sei que você é muito estranha, misteriosa, chega e some de repente, não responde às minhas perguntas, coisas assim. Ou seja, é uma chata. Mas daí a ser um espírito é muito para mim.

— Ora, por que eu não poderia ser um espírito?

— Sei lá, mas olha, se você fosse mesmo um espírito, não seria o da Ulianov, certo?

Ela sorriu desafiadoramente:

— E por que eu não seria o espírito da Ulianov?

— Da russa? Mas o que a Ulianov viria fazer aqui, no Brasil, depois de tanto tempo? E logo para me ver...

— Vai ver ela tem um grande motivo, ora.

— OK, que motivo? Me dê um exemplo.

Ludmila desconversou. Se a conversa continuasse naquele ritmo, ela acabaria revelando coisas que não estava autorizada. Preferiu desconversar:

— Quer saber? Essa conversa está indo muito longe. Preciso ir. Só quero que você me prometa que não vai esquecer o que lhe pedi.

— Sobre ir ao centro e pedir para Josiane tentar contato com o espírito de Anatoly?

— Isso mesmo. Que bom que não esqueceu. Já posso ir tranquila.

— Calma, como já vai? Quer dizer que você reapareceu só para me dizer essas coisas?

— Você está sendo muito injusto. O que lhe disse, se realmente você cumprir, vai mudar inteiramente sua vida e fazê-lo reescrever sua história.

— É tão importante assim, Ludmila?

— É, pode acreditar.

— Me diga mais uma coisinha, se puder responder, claro: por que seu chefe me dá tanta importância a ponto de mandar você me procurar para me dar esses recados? E por que encarregou justamente você de fazer esse contato comigo?

— Primeiro, uma correção: meu chefe dá importância a todas as pessoas. Mas algumas, como você, pelo que fizeram em vidas passadas, acabam por adquirir certas facilidades para que possam concluir o que começaram e não puderam concluir por alguma razão, ainda que não se lembrem desses projetos.

— Curioso, não me lembro de nada que deixei inacabado.

Ela deu aquele riso cristalino que Fred conhecia e adorava:

— Foi o que acabei de dizer, meu caro. Tenho certeza de que você não se lembra.

— Há outras pessoas que, assim como eu, merecem essa atenção especial do seu chefe?

— Sim, muitas outras e, como me saí bem nos treinamentos, coube a mim fazer contato com grande parte delas. Mas ele me disse para começar por você, por ser prioridade.

— Eu? Prioridade? Por que eu sou prioridade?

— Já lhe disse: você saberá depois do contato com Anatoly, com a ajuda de Josiane.

— Ah, meu Deus, quanto mistério...

— O mistério faz parte da vida das pessoas. Ele está presente todo dia. Quer exemplo de mistério maior que os sonhos? Nem a ciência, com a mais alta tecnologia, conseguiu explicá-los até hoje. E a resposta está bem pertinho, dentro de cada um de nós.

— Nunca tinha pensado nisso.

— Bom, agora você entende por que preciso ir.

— Espere. Faltou me responder por que seu chefe encarregou justamente você de fazer contato comigo. Na certa, você tem outros colegas tão competentes quanto você.

— Sem dúvida que tenho, mas vou repetir só mais essa vez: você vai ter essa e outras respostas quando Josiane conseguir fazer contato com Anatoly. E chega de perguntas, moço, pois você está me enrolando. Eu realmente preciso ir.

Fred ficou triste:

— Vai sumir?

— Vou. E depois, a gente não se vê mais.

— Ah, não, Ludmila, não diga isso. Vai querer estragar nosso reencontro, não é?

— Amigo, você nunca se lembra de que estou cumprindo ordens. E saiba que, depois que você entender tudo, verá que não estraguei nada. Pelo contrário, vai ser muito bom para você.

— Você não pode ficar mais um pouco?

— Infelizmente, não posso. Mas quero que você fique certo de uma coisa: eu sempre estarei perto de você, de alguma forma. Mesmo que você não me veja. E não se esqueça do que lhe falei sobre Natasha.

— Não vou me esquecer, mas quero saber como você vai sumir desta vez?

— Vou lhe fazer uma concessão e vou sumir bem diante dos seus olhos e bem devagarinho, para que você entenda o que quis dizer, quando falei que sou especial. Só vou fazer isso porque pedi permissão ao meu chefe e ele me autorizou, desde que fosse apenas esta vez.

Fred riu, desconsolado:

— Não é que eu duvide de você, mas não bebi tanto assim, garota. Não vou ter alucinações.

— OK, descrente, então, preste muita atenção. E nunca se esqueça de que sempre vou amar você.

Ele se surpreendeu:

— Me amar? Você disse me amar?

Ela estava sorrindo, quando confirmou:

— Sim, foi o que eu disse.

Fred estava quase chorando:

— Ludmila, vou sentir muito sua falta.

Antes de se ir, ela ainda disse:

— Pense em mim como se eu tivesse sido um sonho seu. Como diz o texto que uma noite você declamou na peça, quando me viu na plateia:

"Há quem diga que todas as noites são de sonhos. Mas há também quem garanta que nem todas, só as de verão. No fundo, isso não tem muita importância. O que interessa mesmo não é a noite em si, são os sonhos. Sonhos que o homem sonha sempre, em todos os lugares, em todas as épocas do ano, dormindo ou acordado."

E, sorrindo, lentamente, ela foi se desfazendo bem à frente de Fred.

Mesmo tendo sido prevenido, ele levantou-se num pulo e deu um grito de surpresa.

O balconista e os demais clientes olharam assustados para ele, sem entenderem absolutamente nada. Na certa, pensaram que era mais um cliente que bebera além do limite.

Com o coração aos pulos, Fred sentou-se lentamente, emocionado. "Essa é minha amiga Ludmila...", pensou.

Lembrou-se nitidamente daquele texto que Ludmila dissera há pouco, antes de desaparecer. Era do seu personagem na peça *Sonho de uma noite de verão*. E ele o dissera num dos ensaios, quando a vira sentada na plateia.

Sentiu profunda nostalgia com a partida dela. Para defender-se da tristeza, decidiu pensar em Natasha.

E o efeito foi maravilhoso. Desejou vê-la. Mas pensou nas palavras de Ludmila e decidiu que seria mais adequado se ele primeiro tentasse contato com Anatoly, através de Josiane.

Afinal, sua misteriosa amiga Ludmila lhe dissera várias vezes que aquele contato, se ocorresse, esclareceria todas as dúvidas que povoavam a mente e o coração dele.

Por esse motivo, antes de procurar Natasha, teria que voltar a pedir um grande favor à sua amiga Josiane. Ele precisava falar com o tal Anatoly — claro, através de uma médium. E para isso, sua amiga Josi era a pessoa mais indicada.

Tão logo chegou ao apartamento, ligou para ela.

— Josi, não tenho mais cara de lhe pedir favores.

— Deixe disso, cara. Não venha dar uma de chorão. Peça logo. O que é desta vez?

— Aquela moça, a Ludmila, que parece mesmo ser um espírito, me pediu para te pedir uma coisa.

— Ué, ela me conhece?

— Pelo menos de nome, sim. Já tenho falado de você para ela.

— Espero que tenha falado bem. O que é que ela quer?

— Ela quer que você faça uma sessão e tente contato com o espírito de um tal Anatoly, que foi diretor de teatro na Rússia.

— Você sabe qual o objetivo desse contato?

— Não sei. Ela disse apenas que, se conseguirmos, eu passarei a entender tudo o que tem acontecido comigo.

— Caramba, esse Anatoly deve ter sido alguém muito influente em alguma vida passada sua.

— Não tenho ideia. Nunca ouvi falar desse nome e dessa pessoa. Conheci um em sonho. Lembra que você me acordou, quando eu estava dormindo em uma sala, lá no centro?

— Lembro, claro. Você demorou a acordar.

— Pois eu estava sonhando com um tal Anatoly. Não sei se é o mesmo.

— OK, vamos fazer o que sua amiga pediu. Você topa?

— Tenho que topar, não é, amiga? Confio em você.

— Vou conversar com meu pessoal e avisarei o dia. Mas devo preveni-lo de que será uma tentativa. Não é sempre que conseguimos fazer contato com um determinado espírito, porque, na verdade, são eles que desejam o contato. Não é como conversar pelo celular ou pela internet. Portanto, não fique decepcionado se não conseguirmos na primeira tentativa. Continuaremos tentando.

— Está bem, vamos tentar.

CAPÍTULO 26

Na noite combinada, Fred chegou cedo ao centro. Estava ansioso e nervoso. Josiane, que o recebeu na chegada, percebeu e tranquilizou-o, carinhosamente:

— Não precisa ter medo de nada, amigo. Será apenas uma conversa, como aquelas que a gente tem no barzinho.

— E o que eu preciso fazer?

— Absolutamente nada. Apenas ouvir e, se for permitido, perguntar alguma coisa.

A sessão começou com as orações de sempre. Desta vez, Fred estava sentado à mesa dos médiuns, já que, de certa forma, participaria dos trabalhos.

Depois de atender a outras pessoas e de fazer outros contatos mediúnicos, chegou a vez de Fred. Josiane liderou o trabalho:

— Com a permissão de Jesus e do plano superior, gostaríamos de fazer contato com o espírito de Anatoly, que foi diretor de teatro na Rússia. Pedimos permissão às entidades superiores para que autorizem e facilitem esse contato, pois é de grande importância para nosso irmão Fred, que se encontra aqui, ao meu lado.

Alguns minutos angustiantes se passaram sem que nada acontecesse. Josiane repetiu o pedido por mais duas vezes antes que ocorresse a súbita manifestação do espírito de Anatoly, por meio de uma das médiuns da mesa:

— Pronto, aqui estou. Eu sou Anatoly. Gostaria de saber quem deseja falar comigo e o porquê.

A médium falava com sotaque. Josiane prosseguiu:

— Agradecemos ao irmão por ter atendido ao nosso apelo. Este pedido foi sugerido por Ludmila, que talvez o senhor conheça.

— Ludmila? Ludmila Ulianov, a atriz?

Josiane olhou para Fred que, ainda que duvidasse, confirmou com um gesto de cabeça.

— Sim, irmão, ela mesma. Nosso irmão Fred se debate em dúvidas e conflitos, e Ludmila recomendou que falássemos consigo, que seria capaz de esclarecer as dúvidas dele ao nos relatar uma história, talvez de uma vida passada de Fred.

— Ah, Ludmila, minha querida amiga, grande atriz, que brilhava tanto nos palcos, como nos picadeiros da Rússia. Mas preciso esclarecer a vocês de que o Fred, a que você se refere, existiu naquela época como Dimitri, um também grande ator.

Fred ficou surpreso:

— Eu fui alguém chamado Dimitri em outra vida?

Josiane olhou séria para ele e colocou o indicador sobre o lábio, pedindo para que ele ficasse em silêncio.

Anatoly continuou seu depoimento:

— Dimitri e Ludmila formavam uma dupla imbatível. Eu dirigi os dois durante vários anos, em diversos espetáculos, principalmente peças de William Shakespeare, em plena Segunda Guerra Mundial. Formavam um casal belíssimo, muito talentoso e apaixonado. Nunca vi amor tão grande. Eram pessoas do bem. Com frequência, faziam vários espetáculos gratuitos para crianças e comunidades menos favorecidas. Criaram sua própria companhia de teatro e pretendiam continuar com essa missão, percorrendo nosso país. Para eles, fazer teatro era como uma missão.

— E eles conseguiram cumprir essa missão?

— Não houve tempo. Infelizmente, o destino levou Ludmila precocemente e de maneira implacável, justamente quando o casal se preparava para ter um filho. Dimitri ficou tão desgostoso que abandonou tudo. Não fez mais teatro, nem circo e parou com as apresentações beneficentes. Simplesmente sumiu.

— Que pena! E com esse amor tão grande e com tantas missões a completar, Dimitri e Ludmila não voltaram mais a se encontrar, depois de desencarnados?

— Como já disse, Dimitri reencarnou como Fred, mas Ludmila, com a devida permissão, preferiu permanecer mais algum tempo no astral para seu desenvolvimento. Ela tem se destacado bastante no seu aprendizado. Tanto que tem recebido missões para vir ao plano terreno ajudar principalmente outros atores que, se encontram em situação de sofrimento ou desânimo. Foi uma opção dela, mesmo sabendo que essa decisão retardaria o reencontro dela com aquele que foi seu grande amor. Mas os espíritos evoluídos sabem esperar.

— Então, eles nunca mais se verão?

— Nunca é muito tempo. Além disso, não cabe a nós definir períodos. De qualquer forma, os mestres são justos e sensíveis. Por isso, e por causa desse imenso amor, foi feita a Ludmila uma concessão especial para começar suas missões na Terra por Fred, que, encarnado como Dimitri, foi o grande e único amor da vida dela. Nessa missão, Ludmila teve permissão também de se fazer visível para ele, que, obviamente, não a reconheceu.

— Irmão Anatoly, o senhor saberia nos explicar por que o espírito de Ludmila não se identificou quando iniciou os contatos com Fred? Ele ficou e ainda está muito confuso com relação a tudo isso.

— Ele certamente ficou confuso com o que vocês chamam de "coincidências", mas se ele soubesse que se tratava do espírito da mulher que fora seu grande amor em outra vida, não teria acreditado ou teria ficado mais confuso ainda. Acredite, não foi fácil para Ludmila manter esse contato, devido à história de ambos, mas era sua primeira missão e ela precisou obedecer às leis do processo reencarnatório.

— Para finalizar, o irmão poderia dar alguma orientação para nosso irmão Fred, para acalmar sua alma?

— Minha amiga Ludmila já disse a ele tudo o que ele precisava ouvir. Agora, ele só precisa agir. De minha parte, o que eu gostaria de recomendar a Fred é de que aprenda urgentemente algumas preces. Assim, ele se fortalecerá e energizará a nós, aqui no plano onde estou.

— Agradecemos de todo o coração sua visita, irmão Anatoly. Queremos que saiba que, após sua partida, ficaremos em oração para demonstrar nosso respeito e nossa gratidão.

Josi notou que Fred chorava.

***

Quando a sessão foi encerrada, Josiane precisou ficar um longo tempo com Fred em uma sala particular, pois ele estava fortemente abalado e emocionado com tudo o que ouvira. Ele estava processando aquela nova realidade e entendendo e interpretando todas as conversas que tivera com Ludmila, na biblioteca, e inclusive o sonho que tivera com Anatoly. Tudo começava a fazer sentido, mas ainda estava nebuloso para Fred. Mas, pelo menos, havia muitas pistas.

Agora, finalmente, ele sabia por que Ludmila era especial, por que não podia responder a todas às suas perguntas e por que conseguia aparecer e desaparecer como num passe de mágica. E entendeu também algumas sutis referências que fizera ao passado deles — do qual ele não tinha a menor lembrança. Finalmente, ele entendia a sua misteriosa amiga da biblioteca. Sabia também que sua amiga da biblioteca era o espírito de Ludmila Ulianov, sua grande paixão de uma vida passada. E, sobretudo, entendia o seu incompreensível e pavoroso medo de amar: uma fuga para não perder pessoas amadas.

Pacientemente, Josiane ajudou-o na compreensão de todos aqueles fatos, pelo menos aqueles que ela conseguira assimilar.

No final, Fred entrou num profundo estado de exaustão e adormeceu na poltrona. Josiane ficou pacientemente de vigília, até que ele despertasse e tivesse condições de voltar para seu apartamento.

***

Fred despertou ainda confuso:

— Desculpe, amiga. As surpresas e emoções foram tantas que fiquei completamente esgotado, mas não esperava adormecer aqui.

— Não se preocupe com isso, amigo. O importante é que, a partir das revelações de Anatoly, você poderá rever e, se necessário, reformular algumas crenças e atitudes para ter uma vida melhor.

— Sim, com certeza. E pela sua ajuda, eu lhe sou muito grato, Josi, você é uma amiga de verdade.

Depois de um abraço caloroso, mas fraternal, ele se dirigiu para seu carro. Precisava descansar para tentar colocar os pensamentos em ordem.

Durante algum tempo, Josiane ficou olhando para a porta por onde Fred saíra. Parecia refletir profundamente. Depois, voltou-se e entrou em sua salinha particular.

Sentou-se na poltrona, reclinou a cabeça para trás e fechou os olhos.

Tendo ouvido o relato do espírito de Anatoly, ela percebeu que, durante anos, estivera completamente enganada a respeito dos seus sentimentos por Fred.

Pensava amá-lo e isso até poderia ser verdadeiro. Mas agora estava claro para ela que Fred vivera e deveria viver outra grande história de amor, da qual ela não fazia parte.

Eram grandes amigos, quase irmãos, e era assim que deveria ser. O plano espiritual já traçara para ele e Natasha um caminho de amor e ela, Josiane, não tinha o direito de eventualmente atrapalhar. Deveria tê-lo como amigo de fé.

Na verdade, Fred nunca alimentara nela esperanças amorosas. Foi tudo uma fantasia. Ela própria imaginara essa possibilidade, mas agora via que estava enganada.

Continuaria adorando seu amigo, continuaria procurando-o para conversar e trocar ideias. Mas tinha certeza de que encontraria a forma certa de vê-lo. Inclusive, desejava sinceramente que ele fosse feliz com Natasha.

Antes de se levantar, Josiane agradeceu aos seus mentores espirituais por terem lhe proporcionado essa iluminação. Fez mais uma prece de agradecimento.

Isaías, o pai de Josiane, entrou na sala e viu a filha reflexiva. Aproximou-se e colocou a mão no ombro dela:

— Quer apostar que sei exatamente em que você está pensando, assim de forma tão concentrada?

Ela deu um sorriso que procurava disfarçar sua introspecção:

— Eu não sou louca, já conheço bem sua percepção. Se apostasse, perderia na certa.

Ele puxou uma cadeira e sentou-se perto dela:

— Sempre soube que você gostava muito do Fred, mas depois do que ouviu de Anatoly, deve ter mergulhado em profundas reflexões.

— Isso mesmo, pai, mergulhei fundo.

O pai acariciou as mãos da filha:

— E posso saber a que conclusão chegou?

Ela respirou fundo, aproximou-se mais do pai e recostou a cabeça no ombro dele. Disse num fio de voz:

— Interpretei tudo errado e quase ponho a perder minha amizade com ele. Sempre o amei ou pelo menos sempre achei que era amor o que sentia por ele. Mas hoje, ouvindo o que Anatoly contou sobre a relação de Dimitri e Ludmila, percebi que o melhor caminho para mim é rever meus sentimentos e manter Fred como o grande amigo que é.

Isaías acariciou os cabelos da filha:

— O amor tem caminhos estranhos, às vezes fáceis, outras vezes muito difíceis. Às vezes explícito; outras vezes, confuso. Por experiência própria, sei que nem sempre é fácil ouvir e obedecer ao que nos pede o coração. É mais prudente consultar a nossa alma. E deve ter sido isso o que você fez agora para tirar suas conclusões.

— Foi isso mesmo, pai. Pedi ajuda aos meus guias e percebi que a alma estava certa ao apontar meu redirecionamento em relação ao que sinto por Fred. Sei que vou conseguir vê-lo de outra maneira. No começo, não será fácil, mas sei que vou conseguir, porque não quero perder a amizade dele que, para mim, é muito valiosa. Inclusive vou torcer e orar para que Fred e Natasha sejam muito felizes juntos.

— Isso mesmo, filha. Você sempre foi uma mulher de espírito forte, por isso sei que vai conseguir. Lembre-se que estarei sempre por perto quando precisar de apoio e conforto.

— Eu sei, paizinho. Por isso o amo tanto.

Pai e filha ficaram longo tempo abraçados, trocando energias revitalizadoras, para que a vida continuasse a fluir, dentro das determinações do plano espiritual.

CAPÍTULO 27

Natasha se assustou quando o interfone tocou. Era quase meia-noite e ela já estava deitada. Felizmente, sua mãe tinha o sono pesado e não acordou.

Levantou-se num pulo e foi atender:

— Dona Natasha, está aqui um amigo da senhora, o senhor Fred, e diz que precisa lhe falar. Diz que é urgente.

Ela achou estranha a visita de Fred àquela hora, mas não iria perder a oportunidade de revê-lo:

— Sei quem é. Pode deixar subir.

Ela mal teve tempo de vestir um roupão sobre o pijama, quando a campainha tocou. Ela foi atender, entre ansiosa e angustiada. O que poderia justificar Fred vir à sua casa àquela hora?

Abriu a porta e ele entrou rapidamente. Estava ofegante:

— Natasha, me perdoe incomodá-la a esta hora, mas eu precisava vir. Tenho algo muito importante para lhe falar.

— O que aconteceu, Fred?

Ele puxou-a para o sofá:

— Venha, sente-se aqui e me ouça com atenção.

Ela obedeceu, sem tirar os olhos dele:

— Fale, homem de Deus. Estou tremendo de ansiedade.

— Ouça e me responda, com toda a sinceridade. — Fez uma pausa, respirou profundamente e, finalmente, desabafou de uma só vez. — Natasha, você quer casar comigo?

Ela ficou parada, os olhos sem piscar, focados nele. A surpresa foi tanta que ela não sabia o que dizer naquele instante:

— Oi?

— Natasha, eu perguntei se você quer se casar comigo.

— Mas, Fred, assim, de repente, no meio da noite?

— É, assim, de repente, no meio da noite.

Ela estava atônita:

— Olha minha situação: você me aparece aqui, meia-noite, e quer que eu responda a uma pergunta séria dessas?

— Sei de tudo isso, Natasha, mas hoje, somente hoje, eu assumi que a amo há muito tempo, mas não tinha coragem de me declarar. Decidi hoje e estou aqui esperando ansioso por sua resposta. Você pode até dizer não, mas eu já fiz a minha parte. Vejo que você tem dúvidas a respeito.

— Espere, não precipite as coisas, eu ainda não disse nada.

Nesse momento, foram interrompidos por uma vozinha sonolenta:

— Meu amigo Fred? O que está acontecendo aqui?

Natasha estendeu os braços para ele:

— Meu filho, venha cá. — Yuri sentou-se juntinho da mãe. — Que bom que você acordou e veio nos ver. Vamos conversar juntos. Fred está me fazendo uma pergunta e eu gostaria que você participasse da resposta.

— Que pergunta foi essa? É muito difícil de responder?

— Não, não é. Eu até já tenho a resposta, com toda a segurança, mas eu quero ouvir sua opinião.

— Está bem. Que pergunta é essa?

— Fred quer saber se eu quero me casar com ele.

O rostinho de Yuri se abriu num largo sorriso:

— Verdade, Fred? Você perguntou isso para minha mãe?

— Claro que perguntei, amigão. Por que você acha que estou aqui?

Yuri puxou o rosto da mãe para olhá-lo:

— E você ainda não respondeu, mamãe?

— Eu ia responder quando você apareceu. Então, quero dividir com você a minha resposta.

— Você quer?

— Eu quero, meu filho. Quero muito.

Fred abriu o rosto num largo sorriso, mas nada disse, para não interromper aquele diálogo entre mãe e filho:

— Se você quer muito, então, por que precisa da minha opinião?

— Por que eu quero que sejamos uma família unida e feliz, e para isso é preciso que você também aceite essa proposta.

— Eu vou ficar muito feliz se meu amigo Fred se tornar meu novo pai.

Natasha segurou o rosto de Fred com as mãos:

— Você ainda precisa que eu responda, meu amor?

Ele sorriu feliz:

— Bem, para meu prazer pessoal, eu gostaria de ouvir, sim.

— Meu amor, meu querido Fred, eu aceito me casar com você.

Ele deu um grito:

— Ah, agora sim!

Os três se abraçaram rindo.

Yuri se lembrou de um detalhe:

— Então, você já pode dormir aqui, não é, mamãe?

Ela respondeu meio tímida:

— Bem, acho que agora pode.

Fred se fez de desentendido:

— Mas você tem uma cama extra para mim?

O garoto era mais esperto do que eles supunham:

— Fred, meu amigo, que bobagem é essa? Os casais não dormem na mesma cama?

Desconcertada, Natasha fingiu ralhar com o filho, mas seu sorriso malicioso a desmentia:

— Yuri!

Fred aproveitou a oportunidade:

— Tem razão, meu amigo, eu havia esquecido isso! Alguma objeção, Natasha, minha futura esposa?

— Com duas opiniões contra a minha? Não tenho como dizer não.

— Então, está combinado.

Yuri lembrou:

— Mamãe, você não vai perguntar à minha vovó se ela concorda?

— Ela não conhece direito Fred, assim, não terá uma opinião a respeito, mas ela sempre confiou nas minhas decisões. O importante para mim era que você concordasse.

— Bom, eu já disse que sim.

— Isso mesmo, meu filho. Eu também disse sim.

E todos riram.

— Temos algo para brindar?

— Bem, tenho um vinho que ganhei da firma no Natal. Podemos abri-lo. — E levantou-se para pegá-lo.

Fred começou a atuar no seu novo papel de pai:

— E somente duas taças, viu, senhor Yuri? Uma para mim, outra para sua mãe. Nada de álcool para meu garoto, meu filho Yuri!

— O menino jogou-se nos braços do amigo, agora pai.

— Não tem problema, vou brindar com água!

— Isso mesmo.

Natasha encaminhou o filho de volta para o quarto:

— Filho, depois de uma decisão tão seria como essa, mamãe e Fred precisam conversar a respeito, concorda?

— Já entendi. Vou continuar dormindo. E espero que dê tudo certo.

— Já deu, filho, pode ter certeza. Pode dormir tranquilo.

Fred chamou o garoto:

— Ei, moço, e o beijo do papai?

Yuri voltou sorrindo e beijou a face de Fred, que retribuiu:

— Vamos fazer um acordo, se você concordar. Toda noite, antes de dormir, o campeão Yuri dá um beijo no papai Fred, concorda?

— Combinado, campeão Fred. — E voltou para perto da mãe, em direção ao quarto.

No quarto, Natasha cobriu-o com cuidado e carinho:

— Muito obrigada, meu filho, por ter concordado com a resposta da mamãe. Me fez muito feliz, porque eu amo o Fred.

— Mas eu só podia concordar, mamãe. Também amo o Fred. Fico feliz também de que ele seja agora meu novo pai.

— Graças a Deus. — E beijou-o, puxando a coberta até o pescoço do filho, para deixá-lo mais agasalhado.

Quando Natasha retornou para a sala, Fred abriu o vinho e o serviu os dois. Tocaram as taças, beberam alguns goles, depositaram as taças na mesa e se aproximaram.

Os olhares diziam tudo. Ela sussurrou numa voz rouca de paixão:

— Você não é capaz de imaginar o quanto sonhei e esperei por este momento, querido.

— Perdoe-me por ter demorado tanto a me declarar. A verdade é que eu estava sem coragem, por que não sabia qual seria sua reação.

— E comigo acontecia a mesma coisa. Por várias vezes, quase tomei a iniciativa e na última hora desistia.

Ele beijou-a suavemente nos lábios:

— Ah, teria sido tão bom.

— Também acho. E fico me punindo ao pensar em quanto tempo nós perdemos por causa das nossas inseguranças.

— Isso tem um lado bom, altamente positivo: quer dizer que precisamos recuperar esse tempo.

Ela deu uma risada sensual:

— O quanto antes.

E beijaram-se. Foi um beijo inicialmente suave e carinhoso, mas aos poucos foi se intensificando e se transformando numa demonstração do grande desejo reprimido por tanto tempo. Não queriam mais parar, pois o próprio tempo parecia haver parado.

A garrafa de vinho já estava vazia, solitária, na mesinha da sala, enquanto o casal já estava na cama, despidos, amando-se como desesperados.

Quando a manhã finalmente chegou, encontrou-os cansados, esgotados, mas muito felizes.

Natasha despertou primeiro e surpreendeu-se ao olhar para o lado e ver que Fred já havia acordado e olhava o corpo dela parcialmente desnudo. Fingindo timidez, puxou o lençol para tentar cobrir-se:

— O que está olhando, seu indiscreto?

Ele sorriu maliciosamente:

— Seu belo corpo. E não se faça de tímida: durante a noite, você provou que de tímida não tem nada.

Ela fingiu ralhar:

— Fred! Não me faça ficar com vergonha do que fiz!

— Com vergonha? Nada disso. Quero você cada vez mais sem vergonha e sem inibições.

E abraçaram-se sorrindo, para começar tudo outra vez.

***

Natasha, Fred, Irina e Yuri estavam reunidos fazendo o desjejum.

Fred olhou para Natasha e, com a cabeça, fez um gesto indicando que ela deveria explicar para a mãe a presença dele ali, no café da manhã:

— Mãe, prepare-se, pois tenho uma notícia para lhe dar. Acho que a senhora vai se surpreender.

Irina sorriu:

— Minha filha, sua mãe já passou por muitas coisas nesta vida e, por causa disso, ganhou um sexto sentido que me avisa das coisas. Eu acho que já sei o que você vai me dizer.

Natasha brincou, desafiando a mãe:

— Então, diga o que é, quero ver se a senhora sabe mesmo.

— Ora, você está namorando o senhor Fred.

Yuri gritou:

— Acertou, vovó!

— Não, senhor, *quase* acertou. — E dirigiu-se à mãe. — Não é só um namoro. Na verdade, já estamos noivos, ele me pediu em casamento. Agora, só falta marcar a data.

A velha senhora sorriu:

— Meu Deus, como os jovens de hoje são rápidos!

Natasha acariciou a mão da mãe:

— Nós já perdemos muito tempo, mamãe! Temos pressa!

— Eu acho essa decisão muito boa. Minha percepção diz que o senhor Fred é gente de bem, por isso, tem minha inteira aprovação. Agora, só preciso saber com quem que eu vou morar.

Fred se antecipou:

— Dona Irina, a senhora nos dá o prazer e a honra de morar conosco? Ficaremos nós quatro juntos.

Yuri vibrou:

— Legal! E vamos ficar aqui neste apartamento?

— Isso é vocês que vão decidir: tanto podemos ficar aqui, como podemos ir para o meu apartamento.

Yuri mostrou sua esperteza:

— Combinado. Então, você nos leva lá, para a gente conhecer seu apartamento, e depois decidimos.

Irina voltou a sorrir:

— Eu não falei que os jovens de hoje são apressados?

E os quatro voltaram a rir, extravasando a alegria que sentiam.

Depois de se recuperarem da sessão de risos, ficaram um instante em silêncio e se emocionaram com a observação de Yuri:

— Sabe, Fred, eu não me lembro da última vez que tomei café com meu pai de verdade.

Fred acariciou os cabelos dele:

— Pois agora, meu amiguinho, você não precisa se preocupar mais com isso. Você sempre terá um pai e uma mãe tomando café com você. Posso não ser seu pai de verdade, mas serei um pai presente e amoroso.

Yuri abriu um largo sorriso:

— E eu serei muito feliz com isso.

Fred completou:

— Tenho certeza de que seremos muito felizes.

Foi a vez de Natasha surpreender o filho:

— Yuri, tenho uma surpresa para você e para a vovó.

— Outra, mãe?

— Outra. Mamãe vai estudar para ser atriz e acompanhar o Fred nas apresentações para as crianças, inclusive no circo.

Yuri adorou a ideia:

— Sério, mãe? Que legal! Quando eu crescer mais, também vou querer estudar para ser ator.

— Gostei de saber, minha filha. Sempre achei que você tinha talento para representar.

Fred apoiou:

— Então, seremos uma família de artistas. Vamos aparecer nos palcos, nos picadeiros, nas escolas e nos hospitais.

Yuri estava eufórico:

— Nossa! Vai ser muito bom.

Foi difícil para Fred deixar aquele lugar que já considerava sua segunda casa e aquelas três criaturas adoráveis, que ele já considerava sua família.

Logo, marcaria uma data para apresentá-los aos seus pais.

***

A oportunidade surgiu na semana seguinte, em um jantar, na casa de Benício e Flávia.

Todos chegaram pontualmente.

Os pais de Fred adoraram Natasha. Irina não pôde estar presente, porque ficara em casa cuidando do pequeno Yuri.

Para surpresa dos anfitriões, lá estavam Isaías e a filha Josiane. Foi um encontro muito emocionante. Como não podia deixar de ser, lembraram-se da noite, mais de vinte anos antes, em que Benício e Flávia compareceram ao centro espírita de Isaías, levando nos braços o pequeno Alfredo, debilitado e fraco. Foi ali que ele encontrou a cura, pelas preces do grupo e pelas mãos iluminadas de Isaías, guiadas pelos médicos do mundo espiritual.

Benício brincou com Josi:

— Lembro-me perfeitamente de uma garotinha sentada, quietinha, numa poltrona, lendo uma revista em quadrinhos.

Isaías completou:

— Pois hoje ela está aqui, crescida e madura, pronta para me substituir, quando chegar a hora.

E ela completou:

— Que, se Deus quiser, ainda vai demorar muito para chegar.

Flávia e Natasha conversaram amistosa e longamente — pela primeira vez, sogra e nora se encontravam e, pelo visto, a simpatia era mútua.

Fred estava muito feliz com aquela integração e harmonia entre as famílias.

Já era tarde da noite quando todos se retiraram, satisfeitos e gratos a Deus pelo belo fim da história envolvendo os presentes, de uma forma ou de outra.

***

Na casa de Natasha, preparando-se para se deitar, Fred aproximou-se dela carinhosamente:

— Escuta, amor. Amanhã acordarei cedo e irei ao meu apartamento arrumar minhas coisas, seja para deixar espaço para as suas coisas, seja para trazer tudo para cá. Temos que decidir logo onde será nosso lar.

Ela respondeu provocante:

— Combinado, querido, acho ótimo. Mas isso quer dizer que, como você vai levantar cedo, nós vamos para a cama só dormir?

Ele entendeu, topou o desafio e pegou-a pela cintura, puxando-a para juntinho de si:

— Mas nem que você me implore. Só precisamos tomar cuidado porque Yuri e sua mãe já estão dormindo. Precisamos fazer tudo em silêncio.

Ela deixou escapar um riso contido:

— Agora sou eu quem diz: mas nem que você me implore!

E ali mesmo, na sala, começaram a sessão de amor e paixão.

CAPÍTULO 28

Na manhã seguinte, assim que entrou no seu apartamento, o celular de Fred tocou. De início, ele não reconheceu a voz:

— Quem fala?

— Puxa vida, vejo que já me esqueceu mesmo!

Era sua ex-namorada. Fred não podia acreditar:

— Vânia, que surpresa! Tudo bem?

A voz dela não estava muito animada:

— Mais ou menos. Se não for muito incômodo para você, será que podemos conversar em algum lugar discreto e tranquilo? É muito importante para mim.

Fred estranhou o pedido. O que eles ainda teriam para conversar? Mas não pôde deixar de ser gentil, até pelos três anos de vida em comum:

— Claro. Onde você gostaria?

Ela demorou a responder:

— Não sei o que você vai pensar, mas poderia ser naquele mesmo restaurante onde almoçamos pela última vez?

Fred foi cruel:

— Aquele onde você rompeu comigo?

Pela voz, percebia-se que ela ficara desconcertada com a resposta dele, que evidentemente escondia algum ressentimento:

— Bem, eu não gostaria de usar essa referência, não traz boas recordações, mas é aquele mesmo.

— Desculpe, minha resposta foi inconveniente, mas OK, estarei lá em uma hora. Tudo bem para você?

— Tudo bem. Nos vemos lá.

Fred ficou cismado. O que Vânia ainda queria depois do papelão que fizera? E como será que ele se sentiria ao revê-la? Bom, seria um desafio para seus sentimentos. O negócio era pagar para ver.

***

Quando Fred chegou ao restaurante, Vânia já estava lá e escolhera a mesma mesa que ocuparam a última vez.

Estava bem elegante, como sempre, mas seu semblante mudara. Parecia abatida e até um pouco envelhecida. Talvez porque estivesse sem maquiagem, o que não era comum nela, sempre tão vaidosa.

Fred procurou parecer normal:

— Olá, Vânia.

Ela se levantou para abraçá-lo:

— Oi, Fred.

Beijaram-se na face. Sentaram-se e ficaram se olhando por alguns segundos.

Ele começou a conversa, pois queria conduzir o assunto para não entrarem em questões inoportunas:

— E, então, como vai o trabalho em Londres?

— Tenho novidades para contar. Voltei para São Paulo e reabri meu consultório.

— Bom, mudanças sempre acontecem em nossas vidas, não é mesmo? E como vai indo?

— Vou indo muito bem, consegui recuperar grande parte dos clientes. Aquele curso de especialização, que fiz em Londres, está sendo muito útil para mim, como já esperava.

— Ótimo, então, valeu a pena.

Depois de um breve silêncio, ela entrou no complicado e delicado tema que ele queria evitar:

— Só não valeu devido ao alto preço que paguei.

Ele não saberia dizer a que preço ela se referia:

— Não entendi.

Então, ela foi direta:

— Meu casamento acabou.

Fred se surpreendeu de verdade:

— Oi?

— Foi isso mesmo que você ouviu. Meu casamento já era.

— Mas já? Não é possível, não faz nem seis meses, acho.

— Pois é, mas não deu. Durou exatamente seis meses. — E Vânia começou a chorar, tentando manter a discrição. Enxugou as lágrimas com um lencinho bordado que tirou da bolsa. — Desculpe, Fred, estava tentando me segurar, mas não deu.

Fred ficou desconcertado:

— Não se preocupe com isso, Vânia. Imagino que deve ter sido um golpe muito duro para você. O que aconteceu?

— Foi um golpe duríssimo. Para minha surpresa e choque, menos de um mês depois de casados, meu príncipe encantado revelou-se um horrível bruxo: egoísta, agressivo e infiel.

Fred estava absolutamente chocado. Então, aquele amor arrasador, aquela paixão incontrolável, que em seis meses desfizera uma relação de três anos, se esvaíra assim, por completo?

— Mas em tão pouco tempo?

— Foi. Acho até que ele tem problemas psiquiátricos, que não percebi na fase de namoro.

— É, na fase de namoro a gente realmente não enxerga os defeitos da pessoa amada. A paixão parece que cega os apaixonados.

Discretamente, ela voltou a enxugar os olhos com o lencinho. Falou olhando para ele, balançando a cabeça:

— Lembrei tanto de você, meu amigo.

Ele se sentiu pouco à vontade. Não gostaria que a conversa tomasse esse rumo:

— Bem, não sei se deveria dizer isso, mas a escolha foi sua.

— É, eu sei e você não imagina o quanto me arrependi e o quanto já me puni por aquele impulso louco. Não sei onde estava com a cabeça quando tomei aquelas decisões, agindo como adolescente.

Fred aproveitou para esclarecer uma dúvida antiga:

— Vânia, sei que agora não adianta mais perguntar isso, mas gostaria de saber o que foi que a atraiu nele e a fez tomar aquela decisão em apenas seis meses?

— Ele era lindo, Fred, e muito sedutor, com uma conversa cativante e encantadora. Ele era daqueles sujeitos que sabem como fazer uma mulher se sentir a única no mundo. — Fez uma pausa. — Mas acho que o que mais me influenciou, e aqui faço uma humilde confissão de culpa, foi minha ambição. Ele tinha e tem um *status* invejável na comunidade médica. Em Londres, é famoso e muito poderoso. Acho que foi isso também.

Instalou-se um silêncio desconcertante entre eles.

— Bom, amiga, eu sinceramente não sei o que dizer.

— Não precisa dizer nada, meu amigo, basta me escutar. Estou apenas desabafando e preferi que fosse com você, em quem confio muito, além de continuar gostando bastante.

Ele sabia que precisava dizer alguma coisa para não caírem em saudosismos:

— Segundo dizem os psicólogos, algumas lições da vida são aprendidas de forma muito dura.

— E é verdade. A gente não repete o erro, mas você não imagina o quanto dói.

Fred ficava procurando assunto para dar continuidade à conversa:

— Já estão providenciando o divórcio?

— Já. Espero recomeçar minha vida afetiva aqui no Brasil. — Fez uma pausa longa. — E você?

Fred sentiu o perigo se aproximando:

— Eu?

— Sim, como você está?

— Muito bem. Continuo ator, agora com uma peça nova em cartaz, e continuo fazendo aquele trabalho no hospital. Acabo de assinar alguns contratos para comerciais e para uma novela. E, se tudo correr bem, talvez pinte um filme, também.

Ela pareceu sinceramente alegre:

— Mas que ótimo, Fred! Você merece esse sucesso, é um artista muito talentoso. — Nova pausa. — Sabe, Fred, uma das coisas que mais lamento é não ter compreendido você naquela época. Não conheci melhor seu coração, sua generosidade, seus ideais. Agora sei que você é uma pessoa especial, realmente admirável.

Ele até pensou: "Só agora você reconhece isso?", mas nada disse a respeito:

— Obrigado, Vânia, fico feliz que você pense assim.

E finalmente ela perguntou o que ele temia e o que achava que era a principal motivação dela para aquele encontro:

— Já está com alguém?

Ele decidiu ser também objetivo e direto para não alimentar falsas esperanças nela. Procurou dar um tom natural à voz:

— Já. Vamos casar em breve, assim que eu assinar os contratos. Talvez ainda este ano.

Ela pareceu levemente decepcionada, mas disfarçou:

— Conheço a felizarda?

— Creio que não, mas tenho certeza de que você iria gostar dela. É uma pessoa maravilhosa.

— Tem que ser para merecer você. Espero que seja muito feliz com ela. — Pareceu subitamente triste. — Sabe? Preciso ser sincera com você. Confesso-lhe que, quando pedi esta conversa, tinha alguma esperança de que pudéssemos retomar nossa relação do ponto de onde paramos. Mas, pelo que você acaba de dizer, vejo que não dá mais.

Ele continuou firme:

— É, você disse bem, agora não dá mais. Minha futura esposa é uma pessoa incrível e eu estou apaixonado por ela.

Vânia enxugou discretamente mais uma lágrima:

— É, a fila anda, não é assim que dizem? De qualquer modo, foi muito bom revê-lo tão bem assim. Espero que voltemos a nos encontrar qualquer hora dessas, se sua futura esposa não tiver ciúmes.

— Não haverá problemas, amiga. Nos veremos quando quiser. Também gostei de reencontrá-la, embora as circunstâncias não sejam tão alegres.

— Pois é, mas faz parte da vida.

Levantaram-se, abraçaram-se carinhosamente, mas discretamente, e ela se afastou sem olhar para trás. Não queria que ele visse que estava chorando.

Fred esperou algum tempo até que ela estivesse mais longe e depois foi pegar seu carro no estacionamento do restaurante.

Antes de ligar o veículo, Fred ficou pensando em como a vida prega peças em quem não toma as decisões certas. Claro que não ficou feliz com a infelicidade dela no casamento, mas não pôde deixar de pensar que, já sendo adulta, poderia ter tido uma percepção melhor do que e de quem a rodeava. Talvez tivesse sido traída pelo deslumbramento. Ou, como ela mesma disse, pela ambição. Ou apenas, como tanta gente, pela paixão desvairada.

Nunca se sabe.

***

Fred convidou Natasha para jantar fora e assim que se sentaram à mesa do restaurante, ela logo percebeu que ele tinha algo para dizer-lhe:

— Estamos juntos há pouco tempo, mas acho que já o conheço razoavelmente bem. O que você quer me falar?

Ele ficou sinceramente surpreso e admirado com a percepção dela:

— Caramba! Isso é telepatia?

— Percepção, apenas, meu caro. Quando a gente ama, a expressão da pessoa amada é um livro aberto para quem sabe ler sentimentos.

Ele sorriu:

— Então, preciso tomar cuidado com o que penso. — Fez uma pausa. — Realmente, precisamos conversar. Tenho algo para lhe falar.

Ela olhou para ele e franziu a testa:

— Devo me preocupar?

— Com o que quero falar?

— Sim.

— Nem um pouco. É apenas um fato curioso que aconteceu hoje comigo e quero compartilhá-lo com você.

Ela apoiou o queixo nas mãos entrelaçadas:

— Estou ouvindo.

Ele tomou um gole de vinho, passou o guardanapo nos lábios e falou de maneira clara e firme:

— Me encontrei hoje com Vânia.

Natasha mostrou-se muito surpresa:

— Sua ex?

— Ela mesma.

Natasha fez um breve silêncio:

— E você disse que não havia razões para eu me preocupar?

— Disse e repito.

Ela estava quase indignada:

— Fred, ela foi sua namorada por três anos.

Ele reagiu com naturalidade:

— Foi e daí?

— Não ficou nada, depois de todo esse tempo?

— Nadinha. Zero, pode acreditar. Fui ao encontro inclusive para tirar essa prova.

Natasha mal piscava:

— E...?

— Olha, não gosto de dizer isso das pessoas, não acho legal, mas na verdade cheguei até a ficar com pena dela.

Natasha ficou curiosa:

— Por quê? O que aconteceu com ela?

— Você não seria capaz de imaginar: o casamento dela acabou.

— Oi?

— Isso mesmo que você ouviu. Por mais incrível que possa parecer, o casamento dela não durou seis meses.

— Mas como pode? Ela estava tão apaixonada, a ponto de desfazer uma relação de três anos com você.

— Pois é. Bastou um mês para ela descobrir que o tal príncipe encantado não passava de um cruel bruxo, de acordo com as próprias palavras dela. O sujeito era egoísta, agressivo e infiel.

Natasha estava sinceramente horrorizada:

— Nossa Senhora! Que coisa! Em que fria ela entrou.

— Isso mesmo. Entrou numa gelada. Segundo ela, não resistiu ao poder de sedução dele. Nem ao reconhecimento que ele adquiriu na comunidade médica.

Natasha olhou-o com carinho e colocou sua mão suavemente sobre a dele, apoiada na mesa:

— E ainda perdeu você, um tesouro de homem.

Ele sorriu:

— A vida tem dessas coisas: ela me perdeu e você me ganhou.

Beijaram-se suavemente.

— Mas me diga uma coisa, bem francamente: ela só queria desabafar com o ex-namorado ou tinha outras intenções?

Fred sorriu como uma criança que é pega com a boca na botija:

— Tinha outras intenções. Ela tinha esperanças de que pudesse reatar o relacionamento comigo.

Natasha abriu a boca, admirada:

— Ela admitiu isso para você? Que ainda tinha alguma esperança de reconquistá-lo?

— Admitiu, claramente, e em letras garrafais. Mas pode se tranquilizar, eu fui muito claro na resposta.

Natasha revelava-se insegura:

— O quão claro você foi?

— Eu apenas disse a ela que já estava perdidamente apaixonado por uma linda e maravilhosa mulher, e que em breve iríamos nos casar. Fui claro o bastante?

— Claríssimo, meu amor.

Emocionada, ela se levantou, deu a volta na mesa e foi beijá-lo, sem se importar com os olhares curiosos — e alguns invejosos — das pessoas que estavam ali. Na realidade, a maioria sorria, pela emotiva cena.

CAPÍTULO 29

Quando a vida de Fred e Natasha começava a entrar na normalidade, num dia ensolarado em que ele tinha se apresentado no hospital, foi procurado por uma das crianças, quando já se preparava para ir embora. Era uma linda garotinha loira, de olhos muito grandes e azuis:

— Oi, tio Fred, a moça vestida de palhaça pediu para lhe entregar este bilhete. — E estendeu a mãozinha com um pedaço de papel.

Fred se surpreendeu:

— Quem?

— A moça palhaça. Ela disse que só entregasse este bilhete a você, a ninguém mais.

Fred pegou o papel e beijou os cabelos da garota:

— Obrigado, minha linda. — E a garotinha se afastou correndo.

Se aquilo soava estranho, mais estranha ainda era a mensagem, escrita com caligrafia obviamente feminina:

"Estou o esperando no heliporto. E nem guarde este papel, pois a tinta vai sumir em poucos minutos."

O hospital tinha um heliporto. Meses antes, por mera curiosidade, Fred já tinha ido conhecê-lo, por isso, sabia o caminho.

Apesar da advertência escrita no bilhete, guardou o pedaço de papel no bolso e apressou o passo.

Foi até o último dos sete andares e depois subiu a escada de acesso ao heliporto, sem saber como entraria lá.

No terraço, havia uma pesada porta que, por medida de segurança, habitualmente ficava trancada, para evitar que pessoas não autorizadas subissem até lá. Era preciso que um funcionário liberasse o acesso.

Mas, estranhamente, a grossa porta estava destrancada. Na hora, Fred chegou a pensar que, depois, falaria com algum supervisor para que corrigisse aquela irregularidade.

Fred fez força, abriu-a e pisou no chão do heliporto. Era fim de tarde e o céu estava nublado, mas não fazia frio, nem ventava.

Ele caminhou, fez a volta pela casa de máquinas e, então, a viu.

Ela estava vestida de palhaça, tentava tocar um velho violino, enquanto cantava e dançava. Era um quadro realmente cômico, mas absolutamente bizarro naquele contexto.

Fred ficou entre surpreso e feliz. Sabia quem era: só podia ser Ludmila. Preferiu não interrompê-la. Sentou-se num degrau da casa de máquinas e ficou curtindo a apresentação dela, sorridente como uma criança feliz.

Depois de alguns minutos, ela concluiu o número e fez a tradicional reverência ao público, para agradecer os aplausos — que, no caso, eram apenas os de Fred.

Ela sentou-se de pernas cruzadas diante dele.

Apesar da certeza, Fred preferiu perguntar:

— Você é quem estou pensando, menina travessa?

Ela respondeu divertida:

— O que você acha?

— Acho que é minha querida, engraçada e misteriosa amiga Ludmila. — Ela concordou sorrindo, com um gracioso gesto de cabeça. — Pensei que não a veria nunca mais.

Ela cruzou os braços, como se estivesse ralhando com ele:

— Não gostou de me rever?

— Pelo contrário, estou adorando. Mas, na última vez que nos vimos, você disse que era uma despedida.

— Naquele momento você ainda não sabia quem eu era.

— Na verdade, desconfiava que fosse o espírito de Ludmila Ulianov.

— Isso, sim. Mas você não sabia da nossa história, até que Anatoly a revelasse, na sessão do centro.

Fred baixou o olhar e ameaçou ficar triste:

— Quero ver você com a roupa que usava na biblioteca, sem essa de palhaço e sem maquiagem. Estou com saudade de você e do seu rosto. Sei que você consegue fazer isso.

— Então, feche os olhos por alguns segundos. Vou fazer uma das minhas mágicas. — Ele obedeceu. Depois de alguns segundos, ela o liberou. — Pronto. Agora pode abri-los.

Quando Fred voltou a olhar para ela, a fantasia e a maquiagem tinham sumido, juntamente com o violino, e Ludmila estava agora com a roupa que usava nos encontros na lanchonete da biblioteca. O rosto de Fred iluminou-se num largo sorriso e ele se emocionou:

— Ludmila, minha querida amiga! Que bom revê-la!

Ela falou com aquela voz suave, quase sussurrante:

— Na verdade, eu não deveria ter reaparecido. Mas depois que Anatoly revelou nossa história de amor, achei que seria justo nos revermos agora que você sabe de tudo que vivemos juntos. Pedi permissão ao chefe e aqui estou.

— O que fez com que ele desse esse consentimento?

— O amor, a única coisa que o comove profundamente. Foi o nosso amor do passado que nos deu essa oportunidade.

— Ludmila, por que não consigo me lembrar de uma relação que foi tão intensa e tão bonita?

— Porque não é para ninguém se lembrar das vidas passadas, meu querido. É assim que funciona a lei da reencarnação. Voltamos ao plano terreno para concluir o que ficou inacabado, mas assumimos a missão por inspiração, por intuição, jamais pela recordação. Até porque as vidas passadas não foram feitas só de bons momentos, há coisas tristes que não devem nos fazer sofrer outra vez, na nova encarnação. Nosso caso é um exemplo disso.

— Sim, devo ter vivido coisas muito tristes na vida passada. Como a sua partida, por exemplo.

— Isso mesmo.

— Dimitri deve ter sofrido muito.

— De forma desesperada, dolorosa. E não seria justo você se lembrar e sentir, nesta sua nova vida, aquele desespero e aquela dor. Já passou. Agora, você tem tudo para viver outra grande história de amor, com Natasha.

— É verdade. Natasha é uma grande parceira.

— Você deve amá-la como amou a mim. Vocês farão juntos tudo o que nós fizemos e muito mais, por que poderão realizar aquilo que, entre nós, ficou só na vontade e nos planos. Não pude dar-lhe o filho que tanto queria, hoje você tem o Yuri. E Natasha é uma pessoa do bem. Então, você tem tudo para ser feliz como nós fomos, antes da minha partida.

— Ludmila, não entendo nada de lei da reencarnação, portanto, posso lhe fazer uma pergunta, que talvez seja tola.

— Não há perguntas tolas, Fred. Tolice é não fazer as perguntas que queremos. Portanto, pergunte o que quiser. — Ela sorriu. — Agora já pode, está liberado para qualquer pergunta, pois não há mais segredos entre nós.

— Se nosso amor foi tão grande, por que você não voltou para mim? Não poderia ter reencarnado junto comigo?

— Poderia e vou fazê-lo, mas há um tempo certo para isso. Tenho que cumprir outras missões e elas levarão tempo.

— Mas, depois delas, você não poderá voltar?

— Esteja certo de que um dia voltarei. Quando isso acontecer, você me amará como está amando Natasha, mas não saberá que sou eu. O amor será o mesmo, tão intenso quanto foi há séculos. Eu terei outro nome, outra aparência e terei nascido em outro país. Mas o reencontro será inevitável, porque o merecemos — sorriu novamente — e provavelmente acontecerá num teatro, com você ensaiando para encenar Shakespeare.

— E provavelmente estaremos nos preparando para continuar com *Sonho de uma noite de verão*.

— Até poderá ser, mas já vivemos nossa vida. Agora é a vez da Natasha. Tenho certeza de que vocês farão as mesmas boas ações que fizemos e se amarão como nós nos amamos.

Involuntariamente, Fred ficou triste. Amava Natasha, queria estar com ela, mas imaginar que vivera com aquela mulher tudo o que Anatoly descreveu, era no mínimo nostálgico, melancólico, porque fora lindo, intenso, mas pertencia ao passado.

Ela percebeu:

— Você não deve ficar triste, Fred. Os espíritos precisam ir, vir, ir de novo e tornar a voltar. Cada viagem dessas é uma nova oportunidade de evolução, de aprendizado, de crescimento, de sermos pessoas melhores do que fomos em vidas passadas. É uma oportunidade de melhora contínua. Você, por exemplo, sabe que já aprendeu e mudou muito. Agora será feliz novamente ao lado da Natasha, do pequeno Yuri e da avó Irina.

Ele hesitou antes de perguntar:

— E você não terá ciúmes?

Ludmila sorriu docemente:

— Não, meu amigo, fique tranquilo. Em nosso plano espiritual, onde estou agora, somos orientados a nos desligar de determinados sentimentos que pertencem ao seu planeta. Ciúme, raiva, inveja, medo e outros afins, de certa forma, podem conduzir o ser humano a evoluir, ajudando-o a viver melhor consigo e com o próximo. Portanto, pode amar Natasha em paz. Eu estarei orando e zelando por vocês.

Fred continuava tristonho, olhando para Ludmila:

— Vou sentir saudades de você.

— Você não pode ter saudades daquilo de que não se lembra, mas terá saudades da Ludmila, que conheceu no restaurante, no teatro e na lanchonete da biblioteca. Da outra Ludmila, aquela com quem você viveu no passado, nada restará, porque é assim que as leis superiores determinam. Meu chefe sabe o que faz. — E sorriu pela referência ao chefe. — Eu tive permissão para voltar hoje para revê-lo e esclarecer essas coisas, para que você fique em paz e possa cumprir sua missão com segurança e serenidade.

— Obrigado, amiga.

— Agora, vou partir de vez. Seja feliz, Fred. Sempre o amarei.

E como acontecera uma vez num barzinho em que eles conversavam, Ludmila foi sumindo lentamente diante dos olhos de Fred.

Desta vez, ele não se assustou. Apenas ficou melancólico, em silêncio, olhando para o espaço vazio onde há pouco Ludmila estava.

Fred não saberia dizer quanto tempo ficou ali sentado, no degrau da casa de máquinas, no heliporto do hospital.

Não percebeu a noite cair, nem o frio que chegou forte. Sua única reação foi apertar o casaco contra o corpo, mas não saiu do lugar.

Quando o segurança foi fazer a ronda habitual, encontrou Fred enregelado, tremendo de frio e com febre:

— Senhor Fred, o que o senhor está fazendo aqui fora? Desse jeito, vai pegar um baita resfriado.

Quando percebeu que ele não respondia, nem reagia, o segurança ajudou-o a se levantar, segurando-o pelos braços e, cuidadosamente, conduziu-o até a enfermaria mais próxima.

O plantonista que o atendeu constatou seu estado febril, deitou-o numa maca, agasalhou-o bem e deu-lhe antitérmicos.

De olhos fechados, Fred nada falava, apenas tremia. Com muito esforço, conseguiu balbuciar algumas palavras:

— Por favor, chamem minha noiva, a Natasha.

Ela chegou nervosa e apressada:

— Onde ele está? Em qual enfermaria?

Uma enfermeira conduziu-a rapidamente até onde Fred estava. Ao vê-lo, ela se debruçou sobre ele, angustiada, chorando:

— Meu amor, o que você tem? Fale comigo.

Fred balbuciou:

— Natasha, eu te amo e te amarei sempre.

— Eu também te amo, querido. Mas o que aconteceu? Por que você está assim, neste estado?

O médico se aproximou e discretamente a chamou para o corredor:

— Dona Natasha, seu marido está estressado. Sei que ele é ator e além de atuar no teatro, também faz apresentações aqui. Também sei que vocês dois passaram recentemente por um período difícil devido ao transplante de medula óssea do seu filho, a quem o Fred adora. Tudo isso, numa pessoa sensível e emotiva como ele, atingiu fortemente seu emocional e desencadeou essa crise. Mas não se preocupe. Não é nada sério e, depois de alguns dias de repouso e noites bem dormidas, ele vai ficar bem. Assim que ele melhorar e a febre passar, assinarei a alta e vocês poderão ir para casa. Uma boa sopa quente fará muito bem a ele. Nem vou receitar remédios. O repouso será o melhor tratamento.

— Graças a Deus, doutor, muito obrigada.

— Insisto apenas numa recomendação: ele deve se poupar mais e diminuir um pouco seu ritmo de trabalho.

— Conversarei com ele a esse respeito, doutor, pode estar certo.

Em pouco mais de uma hora, Fred e Natasha estavam voltando para casa, abraçadinhos.

EPÍLOGO

Como o médico previra, já no dia seguinte Fred despertou tranquilo, disposto e ansioso para se levantar.

Natasha impediu-o:

— Não, senhor, pode ficar mais um pouco na cama. Hoje pedi dispensa do trabalho só para controlar o moço. O doutor me disse que você está estressado e precisa diminuir seu ritmo de trabalho.

— Estressado, eu? — E sorriu, puxando a mulher amada para perto de si. — Diga-me uma coisa: sua mãe já foi levar Yuri para a escola?

Ela franziu a testa, curiosa:

— Já, sim.

Fred sorriu maliciosamente. Só, então, ela percebeu a intenção dele:

— Ah, já? Então, deite-se aqui ao meu lado que vou lhe mostrar meu nível de estresse.

Natasha fingiu resistir:

— Fred, controle-se, o doutor disse para se poupar.

— Eu vou me poupar. O que vamos fazer é altamente relaxante. Portanto, venha cá — e puxou-a para perto de si. Ela não ofereceu qualquer resistência.

Momentos depois, enquanto Natasha se banhava, Fred pensava em tudo que havia acontecido, na tarde do dia anterior, no heliporto do hospital.

Era grato a Ludmila por ter reaparecido e lhe falado tudo o que falou. Ele valorizou ainda mais toda a ajuda que ela lhe deu, com as conversas que tiveram na biblioteca e no barzinho.

Que mulher de fibra! Como deve ter sido difícil para ela manter, com tranquilidade e bom humor, todos aqueles diálogos com ele, sabendo exatamente que Fred fora Dimitri, o grande amor de sua vida!

Seria sempre grato a uma pessoa que não se lembrava de ter conhecido em outra vida, mas que nessa, trouxera-lhe grandes lições para sua evolução.

Agora, sua história de vida seria com Natasha e Yuri. Tinha certeza de que iria amá-la, tanto quanto Dimitri amara Ludmila.

Quando Natasha saiu do banho, Fred pediu-lhe que deitasse ao seu lado, para que ele repousasse mais um pouco.

Ela o atendeu com muito carinho e, assim abraçados, cercados de paz e serenidade, sentiram-se, naquele momento, o casal mais feliz do mundo.

Se ali estivesse o espírito de William Shakespeare, repetiria para eles o que disse em vida:

"Quando fala o amor, a voz de todos os deuses deixa o céu embriagado de harmonia.".

FIM

Grandes sucessos de

Zibia Gasparetto

Com 18 milhões de títulos vendidos, a autora tem contribuído para o fortalecimento da literatura espiritualista no mercado editorial e para a popularização da espiritualidade. Conheça os sucessos da escritora.

Romances

pelo espírito Lucius

A verdade de cada um
A vida sabe o que faz
Ela confiou na vida
Entre o amor e a guerra
Esmeralda
Espinhos do tempo
Laços eternos
Nada é por acaso
Ninguém é de ninguém
O advogado de Deus
O amanhã a Deus pertence
O amor venceu
O encontro inesperado
O fio do destino
O poder da escolha
O matuto
O morro das ilusões
Onde está Teresa?
Pelas portas do coração
Quando a vida escolhe
Quando chega a hora
Quando é preciso voltar
Se abrindo pra vida
Sem medo de viver
Só o amor consegue
Somos todos inocentes
Tudo tem seu preço
Tudo valeu a pena
Um amor de verdade
Vencendo o passado

Crônicas

A hora é agora!
Bate-papo com o Além
Contos do dia a dia
Pare de sofrer
Pedaços do cotidiano
O mundo em que eu vivo
O repórter do outro mundo
Voltas que a vida dá
Você sempre ganha!

Coleção – Zibia Gasparetto no teatro

Esmeralda
Laços eternos
Ninguém é de ninguém
O advogado de Deus
O amor venceu
O matuto

Outras categorias

Conversando Contigo!
Eles continuam entre nós vol. 1
Eles continuam entre nós vol. 2
Eu comigo!
Em busca de respostas
Pensamentos vol. 1
Pensamentos vol. 2
Momentos de inspiração
Recados de Zibia Gasparetto
Reflexões diárias
Vá em frente!
Grandes frases

Rua Agostinho Gomes, 2.312 – SP
55 11 3577-3200

contato@vidaeconsciencia.com.br
www.vidaeconsciencia.com.br